민병도 문학앨범

목언예학

민초들이 열어가는 어진 사랑의 역사
민병도 문학앨범

지은이 · 민병도
펴낸이 · 민병도
펴낸곳 · 목언예원

초판 인쇄 : 2022년 9월 25일
초판 발행 : 2022년 10월 1일

목언예원
출판등록 : 2003년 2월 28일 제8호
경북 청도군 금천면 선바위길 53 (신지2리 390-2)
전화 : 054-371-3544 (팩스겸용)
E-mail : mbdo@daum.net

ISBN 979-11-977151-9-8 03810

저자와의 협의에 의해 인지를 생략합니다.

값 30,000원

민병도 문학앨범

목언예학

시조에 입문한 지 어언 50년이다. 나름대로는 우리의 자생문학이자 인류문화 자산인 시조에 대한 애정과 열정의 끈을 잠시도 놓지 않았다. 결코 적지 않은 인연을 길라잡이로 문학사의 디딤돌이 되고자 노력하였고 한 시대의 응시자로서의 꿈 또한 외면하지 않았다. 서구의 물질문명에 휘둘리는 민족시의 상처를 좌시할 수 없었고 내일의 위상을 우려하지 않을 수 없었다. 그러나 그럼에도 변변한 성과에 근접하지 못했다. 그저 비재非才를 탓하는 수밖에 없다. 다만 스스로 걸어온 길을 돌아보면서 혹은 진단하고 혹은 반성하는 기회를 가짐으로써 새로운 시간에 충실하고자 할 따름이다.

시조단에서는 다소 생소한 '문학 앨범'이라는 형식을 빌려 의미와 무의미의 현장을 독자들과 공유함으로써 보다 명징한 실상의 확장을 꾀하고 싶었다. 어쩌면 그것이 더불어 궁리하고 교감하며 새로운 가치질서에 동반하였던 많은 인연들에 대한 외경심이자 예의라는 생각 때

— 책머리에

문이다. 일찍이 일본이나 서구에서 관행적으로 접근해오던 품격에는 미치지 못할지 모르겠지만 새로운 규범의 하나로 자리매김할 수 있기를 기대하고 싶다.

비록 다가올 미래의 시간을 감안하여 보다 세밀하게 자료를 정리하고 치밀하게 구성하지 못한 아쉬움은 있지만, 이번 작업이 다가올 새로운 시간에 유의미한 기록으로 남았으면 좋겠다. 출간이 있기까지 힘이 되어준 인연들과 특히 선집 성격의 작품들을 분석하여 해설을 맡아주신 손진은 교수에게 감사드린다.

2022년 가을
민병도

CONTENTS
민병도 문학앨범

PART 00 | 책머리에 • 4

PART 01 | 민병도 개인 사진 • 9

PART 02 | 작품론 • 25

    손진은 · 민초들이 열어가는 어진 사랑의 역사 • 25

    유성호 · 역사와 자연과 예술에서 길어 올린 정형미학의 한 극점 • 49

    장경렬 · '칼의 노래'에 담긴 '따뜻한 마음의 노래'를 찾아 • 72

    이승하 · 시조를 넘어서 강둑을 넘어서 • 106

    김유중 · 현대시조의 정형성과 상상력의 자유로움 • 116

PART 03 | 작가앨범 • 124

    저술 • 124

    시비, 기념비 • 132

    문학 활동 • 135

    보도 자료, 수상 • 146

    인연의 장 • 154

    사제의 장 • 175

    목언예원 • 180

PART 04 | 나의 문학, 나의 인생 • 185

    '나를 위한 시조'에서 '시조를 위한 인생'으로 • 185

― 민초들이 열어가는 어진 사랑의 역사

PART 05 | 자선 대표 시조 70편 • 198

오직 한 사람 • 198 | 낙화落花 • 199 | 별 · 2 • 200 | 한때, 꽃 • 201

봄비 • 202 | 어떤 통화 • 203 | 들풀 • 204 | 댓잎 • 205

폐선 • 206 | 삶이란 • 207 | 참꽃 • 208 | 길 • 209

아침노을 • 210 | 목련 • 211 | 붓 • 212 | 별 · 1 • 213

마침표 • 214 | 은하수 • 215 | 입춘 • 216 | 너무 큰 집 • 217

그대 안에 • 218 | 매 • 219 | 진달래꽃 • 220 | 무량수전 • 221

귀거래사 • 222 | 무인도 • 223 | 물소리 동거 • 224

운문사 • 225 | 봄맞이 • 226 | 우산 • 227 | 일어서는 풀 • 228

고장 난 시계 안에는 고장 난 시간이 없다 • 229

선운사에서 • 230 | 돌을 읽다 • 231 | 붓을 읽다 • 232

별책 부록 • 233 | 나무의 말 • 234 | 눌연訥淵에서 • 235

양잿물 사분 • 236 | 낭패 • 237 | 낮은 풀을 이기지 못한다 • 238

앉은뱅이꽃 • 239 | 광장에서 • 240 | 저무는 강 • 241

동그라미 • 242 | 백미러 • 243 | 삼경三更 • 244

물 • 245 | 이름 • 246 | 흙 • 247 | 정거장 • 248

보리밟기 • 249 | 소쇄원 • 250 | 만파식적萬波息笛 • 251

겨울 대숲에서 • 252 | 동다송東茶頌 • 253 | 자객刺客 • 254

장국밥 • 255 | 귀뚜라미 • 256 | 겨울 금천錦川 • 257

슬픔 • 258 | 새벽 강 • 259 | 검결劍訣 • 260 | 가을 삽화揷畵 • 261

풍경風磬 • 262 | 저 산에 • 263 | 눈물의 농도 • 264

독도獨島 • 265 | 낙동강 • 266 | 마을 • 267

PART 06 | **연보** • 268

주요 저술 목록 • 268

민병도 연보 • 272

작가 앨범 | 민병도 개인 사진

작가 앨범 | 민병도 개인 사진

작가 앨범 | 민병도 개인 사진

작가 앨범 | 민병도 개인 사진

작가 앨범 | 민병도 개인 사진

작가 앨범 | 민병도 개인 사진

작가 앨범 | 민병도 개인 사진

작가 앨범 | 민병도 개인 사진

작가 앨범 | 민병도 개인 사진

작가 앨범 | 민병도 개인 사진

작가 앨범 | 민병도 개인 사진

작가 앨범 | 민병도 개인 사진

작가 앨범 | 민병도 개인 사진

작가 앨범 | 민병도 개인 사진

작가 앨범 | 민병도 개인 사진

≪미술세계기획 초대.공산무인(空山無人)≫展 일시/2018년11월28일-12월2일 장소/갤러리미술세계 전

꽃이 지고서야 나는 문득
꽃을 보네 네가 떠난
뒤에 비로소 널 만났듯
향기만 남은 하루가
천년같은 이쁜날

네가 시드는건
네 잘못이 아니다
아파하지 말아라
시드니까 꽃이다
누군들 살아 한때 꽃
아닌적 있었던가

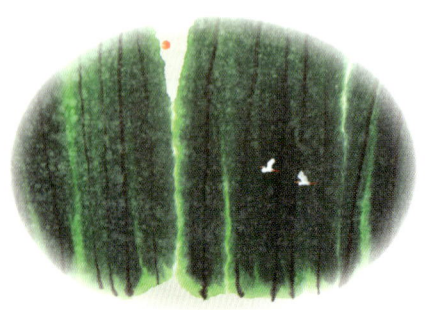

흔들리는 날에는
가슴에 나무를
심었다. 더욱 흔
들리는 날엔 나
무 안에 나를 심
었다. 촛불을 심
기고 있는 그대
안에 별을 심었다.

민초들이 열어가는 어진 사랑의 역사

―민병도 시조 반세기의 결산에 즈음하여

손 진 은 | 시인, 문학평론가

　시력 50년을 맞는 민병도의 시조선집을 천천히 반복해서 읽는다. 편편마다 어디 하나 버릴 것 없는 작품들이 감각과 미학, 현실 인식 등 여러 층위에서 필자를 압도한다.
　민병도의 시조는 입체적인 깊이를 가지고 있다. 실험의식보다 정격을 중시하고 상당 부분이 단수인 그의 시조가 본연의 위의를 갖추고 있다는 것은 무엇을 말하는가? 이 모든 것은 그가 시조를 "민족공동체의 이념과 정서를 구현하는"(『잡새 댓마리』, 五流同人 8집, 그루, 81쪽) 고유의 장르 양식으로 생각하고 있다는 사실에서 발원한다. 시조는 우리 민족의 정서와 숨결이 가장 잘 녹아 스미게 만드는 내질과 형식이라는 의미다. 그는 정통시조의 계승자답게 파격에 눈을 돌리지 않은 채 오로지 정격의 형식 안에서 한 편의 작품도 허투루 쓰지 않는다. 놀라운 것은 그의 시조가 형식 미학에 충실하면서도 '서정의 결' 속에 여백과 함축을 거느리고 있고, 역사성과 현실의식, 두터운 사상의 광맥까지 접맥한다는 점이다.
　몇 가지로 나누어 민병도 시조의 미학을 살피기로 한다.

작품론 | 손진은

1. 인간의 일과 자연의 일의 불이주=

우리는 민병도 시조의 근저를 살피기 위해 먼저 그의 시작의 근원을 이루고 있는 세계관과 정신을 고찰해볼 필요가 있다. 다름 아닌 '인간의 일에 자연이 참여하는 일'이다.

> 어둑어둑 날이 저문
> 운문사 공중전화
>
> 볼이 젖은 어린 스님
> 한 시간째 통화중이다
>
> 등 뒤엔 엿듣고 있던
> 별 하나가 글썽글썽
> ―「어떤 통화」

인간과 자연의 교류, 감정이입을 이렇게 선명하게 표현한 시조가 있을까? '어린 스님'이 사람의 눈길이 닿지 않는, 날이 저문 시간을 택해 공중전화로 '볼이 젖은 채' 한 시간째 통화를 하고 있다. 어린 나이에 무슨 사연인지 속세로부터 부처에게로 귀의하면서 두고 온 친구나 가족인 듯한 사람과 먹먹한 슬픔을 토로하고 있는 그녀는 혼자일까? 그렇지 않다. 아무도 그를 연민해주지 않는 듯 보이지만 실상은 그녀의

작품론 | 손진은

"등 뒤엔 엿듣고 있던/ 별 하나가 글썽글썽"하고 있다는 것이다. 한 인간의 슬픔 때문에 대자연, 하늘의 별이 움직이는 것이다. 그녀가 알든 모르든 대자연은 이미 그녀를 품어 안고 있는 것. 그러기에 시인은 어린 스님의 슬픔이 극복되리라는 예감으로 이 시를 쓴다. 인간의 일에 자연이 참여하고, 자연의 일에 인간이 참여하는 이 교류가 민병도 시조의 근저에 있다는 것을 우리는 발견한다. 그처럼 그의 시조에는 인간의 일에 다른 사물과 생물들은 말할 것도 없고(예컨대,「목련」의 "사흘만 머물다 떠날/ 저 눈부신 적멸의 집"에서 목련과 집의 교환이 그것이다.) 자연이 참여하는 서정을 노래하고 있는 것이다.

  인간과 자연을 뚜렷이 나누지 않는 정신, 그것은 우리 삶의 뿌리를 찾으려는 모색을 낳는다. 확실히 인간은 단독자로 이 세상에 오지 않았고 만상이 서로 그물망처럼 조화를 이루는 가운데 우리가 존재한다는 정신은 우리의 생사관과도 직결되는 중요한 요소다. 이는 "하늘은 도를 본받고 도는 자연을 본받는다(天法道 道法自然)"는 노자의 정신과도 그 뿌리가 통한다. 별을 별로만 보지 않는 것, 그것은 우리 민족이 오랜 세월 동안 견지해온 일상의 상상력이요 정신이다. 하늘과 지상, 인간의 일과 자연의 일을 구분하지 않는 그의 이런 정신은 시조단에서 드물게 보는 과감하고도 절묘한 모더니즘의 시편을 낳기도 한다.

    아버지 베옷 입고
    하늘 길 떠나시며

작품론 | 손진은

내가, 맨발인 내가
따라오지 못하도록

평생의 빈 소주병 부숴
천지사방 뿌리셨네
─「별·1」

같은 '별' 시편이지만, 잘게 부숴놓은 미세한 소주병 조각과 하늘의 은하수가 결합되는 희귀한 경우를 본다. 엉뚱한 이미지의 대담하고도 당혹스런 전개, 누구도 예상하지 못한 과감하고도 선명한 이미지는 그의 시조가 드물게 미적 양식으로 서구 모더니즘의 전류를 과감하게 수용하고 있음을 알게 하는 징표다. 아버지가 저 세상으로 가면서 일생 마신 소주병을 일일이 잘게 부수어서 반짝이는 조각을 하늘에 가득 뿌려놓으신 게 밤하늘 가득한 별이라는 거다. 서구시에서 시도하는 기상(奇想, conceit)을 넘어서는 이런 표현에 더하여, "내가, 맨발인 내가"에서 드러나듯 시인이 지상을 '맨발'로 걸어가야 하는 땅으로 설정한 것도 절묘하다. 천상은 아버지가 소주병을 잘게 부숴도 저승의 신발을 신어 다치지 않는 공간으로 이미 설정되어 있기 때문이다. 지상과 천상의 경계는 시인의 예지에 의해 이렇게 분할되며, 이 시조가 전달하는 것은 슬픔에 젖어 있는 지상의 아들이 자신이 간 하늘에는 아직은 따라올 생각일랑 아예 하지도 말라는 아버지의 지극한 자식 사랑의 역설적인 메시지가 아니고 무엇이겠는가.

인간의 일과 하늘의 일의 결합을 살핀 데 이어, 이번에는 인간이 식물로 변신하는 모티프를 다룬 작품 한 편을 보기로 한다.

> 문수선원 가는 길에
> 한 동자童子를 만났네
>
> 개울물을 건너가자
> 홀연히 제 몸 흩어
>
> 적막에 불을 붙이네
> 길도 절도 다 태우네
> -「진달래꽃」

"문수선원 가는 길에" 만난 동자童子는 문수동자가 틀림없다. 문수보살은 여러 가지 방식으로 현신하기 때문이다. 문수보살은 흔히 꿈속에 나타나거나 성스러운 순례자의 모습으로 화현된다. 경순왕이 문수보살의 화신인 줄 모르고 공양 올리기를 꺼린 설화, 땡추로 변화한 문수보살 등 많은 이야기가 전래되고 있다. 여기서 그 화현의 양상을 지켜보자. 한 동자는 "개울물을 건너가자/ 홀연히 제 몸"을 흩어 "적막에 불을 붙이"고 "길도 절도 다 태"워 버린다. 동자가 진달래 꽃밭으로 변신하는 것도 그렇지만, 그것을 적막에 불을 붙인다거나 길도 절도 태운다는 표현으로 형상화하는 것이 절묘하다. 그것은 바로 개울물을 건너

작품론 | 손진은

자 온 산 가득 붉게 피운 봄날의 적막한 진달래 꽃산 전체를, 번뇌가 남김없이 소멸되어 고요해진 적막 상태의 궁전, 적멸보궁寂滅寶宮으로 민틀이버리고 있기 때문이다. 적멸보궁은 사문山門에만 있는 게 아니라 눈만 제대로 뜨면 온 천지에 가득하다. 이 시조는 인간(동자)이 사라진 자리, 온 산에 가득 피어 있는 식물(진달래)의 양태를 적멸보궁으로 너끈히 잡아내는 활달한 시야를 보여주고 있다.

그런데 인간의 길에서 자연으로의 길 이행이 생각만큼 쉬운 것일까? 그렇지는 않다. 시인은 자연의 물상 속에서 사람의 길을 묻는 여러 편의 작품을 남기고 있다. 먼저 단조롭지만 깊은 울림이 있는 시조 한 편을 보자.

> 풀꽃에게 삶을 물었다
> 흔들리는 일이라 했다
>
> 물에게 삶을 물었다
> 흐르는 일이라 했다
>
> 산에게 삶을 물었다
> 견디는 일이라 했다
> ―「삶이란」

선문답처럼 주고받은 이 작품에서 우리는 시인이 자연의 대상들을,

삶의 길을 물어야 하는 거울과 같은 존재로 생각하고 있음을 발견한다. 시인의 물음에 자연은 "흔들리는 일"(풀꽃), "흐르는 일"(물), "견디는 일"(산)이라 나직하게 대답한다. 그렇다. 그냥 존재하고 있는 것 같지만 자연의 사물들은 쉽게 해독되지 않더라도 자신의 말을 발화하며 자신에게 맡겨진, 흔들리고 흐르고 견디는 운명을 거부하지 않고 살아가는 것이다. 어디 풀꽃과 물, 산뿐이랴? 자연의 존재가 발화하고 있는 말을 알아듣기 위하여 시인은 귀를 열어 경청한다. 그 중에서 심혈을 기울이고 있는 대상은 나무, 돌, 낙화 같은 것들이다. 그 시편들에서는 더 구체적으로, 깊이 있게, 심미적으로 파고든다.

  시인은 자연의 세목들에 경이의 마음으로 접근한다. 나무의 "그 어떤 서책에도 싣지 않은 초록 행간"을 "밑줄을 긋고 소리 낮춰 읽"으면서도, "선 채로 천리를 읽는 묵언설법"인 "나무의 말을 흘려"듣고 놓친 죄로 "다시 길을 잃고 마른 땀에 젖는"다(「나무의 말」). "세상 어떤 문자도 범접 못한 경전" 강가의 징검돌에서 "보지 않고 듣지 않고 알지 않고 말하지 않고" "날마다 길을 버"려 "스스로 길이 되"는(「돌을 읽다」) 삶의 예지를 발견한다. 그런가 하면 대웅전을 헛간으로 만들어버리는 "무시로 생목 꺾어 투신하는 동백꽃"의 낙화(「선운사에서」)에 대한 몰두는 시조의 깊이를 향한 탐사를 단적으로 보여준다. 지면이 허락하지 않아 생략하지만 「저무는 강」, 「앉은뱅이꽃」 등 자연의 세목을 다룬 돌올한 시편들은 얼마든지 있다. 자연의 세목들은 시인의 삶의 표상들이라 해도 지나치지 않다.

작품론 | 손진은

2. 서정과 현실의 균형에서 민초들의 역사까지

우리는 앞서 인간의 일에 자연이 참여하는 민병도 시인의 근저를 살펴본 바 있다. 이번에는 그의 시조에 나타나는 서정과 현실인식이 어떻게 결합되고 있는가를 살펴볼 차례가 되었다. '귀뚜라미'라는 같은 대상을 다룬 두 편의 시조를 통해 우리는 그의 서정과 현실인식, 그리고 그 너머를 꿈꾸는 그의 시작 태도를 볼 수 있다. 1)은 1994년에 발간한 『무상의 집』(그루출판사)에 나오는 「귀뚜라미」이고, 2)는 시조집 『장국밥』에 실렸다가 이번 선집에 수록된 시편이다.

1)
전생에 너는
어느 열녀의 하인쯤으로
살았나 보다.

작은 바늘에 은실을 꿰어
못다 바친 사랑노래에 밤새도록
이승과 저승을 넘나들다가

마침내
가슴 깊이 들어가
영혼을 헐어 내느냐.

작품론 | 손진은

2)
세상의 불이란 불은 모두 다 꺼진 뒤에
달빛 부스러기 풀잎 아래 쓸어 모아
아마도 몰래 숨어서 천주학을 읽는 게야

찌륵찌륵 띄르띄르 아닐 거야 너무 당당해
난리 통에 잃어버린 목소리를 되찾아와
여름내 밑줄 그어둔 장자莊子 내편을 읽는 게야

아니지, 책이라고 보기에는 너무 맑아
문자로는 갈 수 없는 하늘 뜻을 읽는 게지
소리로 어둠을 엮어 병든 자의 옷을 입히고…

밤이 깊을수록 천지가 귀를 기울이네
미처 마련치 못한 녹음기를 대신하여
어느새 먼 산의 어깨가 흔들리기 시작하네

  1)은 앞서 살핀 인간과 자연 미물의 교류와 습합을 이루어내면서 "작은 바늘에 은실을 꿰어"에 보이는 묘사와 함께 전통 서정의 정수를 보여주는, 드문 장시조 시편이다. "이승과 저승을 넘나드"는 그 소리는 "영혼을 헐어 내"어 파헤치기까지 한다. 특히 "못다 바친 사랑노래"라는 어사는 후회와 가책을 동반하면서 다시 오지 못하는 님에 대한 절

절한 한으로까지 기여한다.

2)는 민병도의 시조가 상당히 역사적이고 현실적인 맥락, 그리고 그 너머를 시사하고 있음을 구체적으로 보여준다. 첫째 수에서 '귀뚜라미'는 18세기 말에서 19세기 초 진보적인 지식인들과 수탈을 당하던 민중을 중심으로 "숨어서 천주학을 읽"던 천주학쟁이들의 삶을 그린다. 자그만 미물에서 출발한 시적 파문이 이렇듯 크다. 둘째 수 "난리통에 잃어버린 목소리"는 신유사옥 등 몇 차례의 박해를 암시하고, 이를 넘어 "여름내 밑줄 그어둔 장자莊子 내편"은 무기無己 무공無功 무명無名의 단계인 '소요유逍遙遊' 즉 진정한 자유에 대한 글을 읽는 중이란 거다. 시인이 추구하는 상상의 내질을 알 만한 구절이다. 셋째 수 "문자로는 갈 수 없는 하늘 뜻"은 문자 너머 천지의 뜻을 아는 지천명의 단계를 제시하는데, 그것도 이웃의 아픔을 보듬어 안는 눈뜬 개인의 자각 속에서 ("소리로 어둠을 엮어 병든 자의 옷을 입히고…") 그렇게 한다는 것이다. 마지막 수는 절정을 이룬다. 미물의 번져가는 소리에 "먼 산의 어깨가 흔들리"는 천지감응의 상태를 노래한다. 점층적으로 스케일이 커져가는 이 시조에서 우리는 그가 얼마나 역사적이고 현실적인 맥락에 눈을 뜨고 있으며, 그 너머 장자의 진정한 자유인의 경지를 향해 열려 있는지 짐작할 수 있다. 특히 "소리로 어둠을 엮어 병든 자의 옷을 입히고…"는 지금도 시조를 포함한 문학이 사회와 역사에 어떻게 기능해야 하는지를 보여주는 명구라 할 만하다.

그는 단수에서도 서정과 현실을 잘 결합시켜 파문을 만든다.

받침도 빼먹은 채

삐뚤삐뚤 써 내려간,

가다간 힘도 부쳐

그리움에 주저앉아

창가에 몰래 두고 간

어머니의 짧은 편지
−「봄비」

  창을 내다보는 화자 앞에 바람에 꺾이면서 힘을 잃고 떨어지는 빗줄기가 눈앞에 선연하다. 시인은 범상치 않게 던지는, 수식을 가급한 자제하는 묘사에서 어머니의 육체적 상황("가다간 힘도 부쳐")과 마음결("그리움에 주저앉아")을 단숨에 잡아낸다. 종장("창가에 몰래 두고 간" "어머니의 짧은 편지")에 이르면 더 이상 뺄 수 없는 작품으로 완성된다. 여기에는 힘이 부치는 비의 모습을 위해 6구를 분할하여 짧은 단문으로 아래로 길게 내리는 구의 형식도 당연히 한몫을 한다. 묘사라는 미적 형식이 늙으신 어머니의 마음이라는 구체적 현실과 내적으로 융합된 가편이다. 이런 점만 보아도 시인은 확실히 형식과 내용의,

작품론 | 손진은

서정과 현실의 균형을 유지하고 결합하는 내공을 가지고 있음을 알겠다.
  서정과 현실의 균형이 없으면 문학은 그 생명을 잃기 쉽다. 서정과 미학성이 없이 삶과 시가 일치하는 문학을 하겠다는 명목 하에 현실의 목소리만 승하면 문학은 구호가 된다. 반대로 풍경만 있거나 미적 아름다움에 자족하거나 음풍농월하는 문학은 알맹이가 빠져버린 빈껍데기 꼴이다. 이 둘은 서로 잘 스며들어 미학적으로 잘 짜여 있어야 문학이 힘을 가진다.
  이러한 가운데 민병도는 특별한 울림으로 양쪽을 다 견인하는 시조를 창작하는 보기 드문 시인이다. 그는 탄탄하게 다져진 서정의 내공을 바탕으로 우리 시조단에서 가장 줄기차고도 다양한 방식으로 통시적이고 공시적인 안목으로 역사와 시대의 질곡과 절망, 아픔을 위무하는 시조를 써왔다. 「일어서는 풀」은 그 서序에 해당하는 시조다.

    혼자서 눈을 뜨고 혼자서 일어선다
    이 땅에 남은 한 뼘 흙바람 재울 때까지
    허기와 어깨동무하고 붉은 해를 섬긴다

    뜨거운 목울음은 뜨거운 채 묻는다
    바람에 엎어져도 또 바람을 기다리며
    한사코 무명無名을 닦아 아픈 꽃을 피운다

작품론 | 손진은

신발 자국 환하도록 밟히고 또 밟혀도
사초史草의 행간 그 어디 얼씬하지 못하지만
새벽 닭 울기도 전에 너는 다시 일어선다
—「일어서는 풀」

그의 시조 속 인물들의 성격과 자질, 품성의 근간을 이루는 대표적인, 다른 시조시인들과 대별되는 가장 민병도다운 작품이다. 그가 얼마나 이 작품에 공을 들였는지는 어법의 변화(종장 행말어미가 '섬기네', '피우네', '일어서네'에서 '섬긴다', '피운다', '일어선다'로 강인함을 강조한다.)로도, 행의 수정(첫째 수 초장 첫 구 '허기를 목마 태우고'가 '허기와 어깨동무하고'로 고쳐졌다.)으로도 알 수 있다. 전체적으로 '풀'로 표상되는 민초들의 끈질긴 생명력과 예지를 그린 작품이다. 그들은 자발성과 능동성("혼자서 눈을 뜨고 혼자서 일어선다")을 지닌, 무수한 고난 속에서도("신발 자국 환하도록 밟히고 또 밟혀도") 절망을 이미 초극한 낙천성("바람에 엎어져도 또 바람을 기다리며")을 가진 역사의 기층을 이루는 가난하고("허기와 어깨동무하고") 어진 민중이다. 그들은 전망이 보이지 않는 흐린 현실을 개선하려는 소명의식("이 땅에 남은 한 뼘 흙바람 재울 때까지" "붉은 해를 섬긴다")을 가진다. 그들은 통시적으로 "사초史草의 행간 그 어디 얼씬하지 못하지만" 한사코 명예에 대한 욕심을 버리면서 자아성찰을 하는("한 무명無名을 닦아 아픈 꽃을 피"우는) 들풀이다. 특히 셋째 수 종장 "새벽 닭 울기도 전에 너는 다시 일어선다"는 사적·문화적 맥락과 함의가 크다. 무엇보다

해가 떴기에 비로소 기지개를 켜는 것과는 결이 다른 유의미함이 있다. 이는 새로운 시대를 미리 당겨 준비하는 행동이라는 메시지를 지닌다. 문화직 맥락이라는 말은 "새벽 닭 울기도 전에"라는 구에서 우리는 '새벽닭이 울기 전에 세 번 예수를 부인한 베드로'를 떠올릴 수 있게 하기 때문이다. 민병도가 주로 다루는 풀, 들풀은 대체로 넉넉한 힘으로 일어서고 타자를 포용하는 역사성을 지닌 선한 민초들이다. 전봉준이 그랬고, 최제우가 그랬다. 그가 '원효' 연작에서 찾은 것도 바로 그 정신의 발로다.

> 허구한 날 베이고 밟혀
> 피 흘리며 쓰러져놓고
>
> 어쩌자고 저를 벤 낫을
> 향기로 감싸는지…
>
> 알겠네 왜 그토록 오래
> 이 땅의 주인인지
> ―「들풀」

지금 읽어도 우뚝한 이 작품은 민초들의 관용과 인내, 사랑을 넉넉하게 보여준다. 그들은 "허구한 날 베이고 밟혀/피 흘리며 쓰러"진다. 그럼에도 그들이 베푸는 어짊을 보아라. "어쩌자고 저를 벤 낫을/향기로 감싸는지…" 베이고 넘어지면서도 끝없이 주는 이 뜨거운 사랑의 넉넉함. 가난과 선량함이 오히려 인간들의 삶, 역사를 지탱하는 힘이 되는 놀라운 역설을 보여준다. 그것이 시적 화자로 하여금 "알겠네 왜 그토록 오래/이 땅의 주인인지" 끄덕이게 되는 이유가 된다.

  비폭력과 기다림의 자세는 권력을 상징하는 '칼'과 글의 힘을 상징하는 '붓'의 대비로도 드러난다.

> 한 시대 붉은 족적 침묵으로 증언하는
> 붓, 너는 열린 귀다 아니다 닫은 입이다
> 칼보다 서슬 시퍼런 비폭력의 권력이다
>
> 사초의 어느 한 획 네 생각 묻었으랴만
> 남의 글을 빌려서 써내려간 비의秘意앞에
> 칼 든 자 칼을 거두고 냉큼, 납작 엎드린다
>
> 낡고 닳아 버리려던 붓을 도로 씻어서
> 역사의 빈 시렁에 내 공손히 얹나니
> 피 묻은 민중의 소리 끌어안을 그날까지
> -「붓을 읽다」

그에게 있어 글은 충분히 듣고 침묵으로 증언("붓, 너는 열린 귀다 아니다 닫은 입이다")하는 형식이다. 문학 행위야말로 "칼보다 서슬 시퍼런 비폭력의 권력이"기 때문이다. 그 붓은 "엽전과 창칼 앞에 허리 한 번 굽힌 적 없"(「붓」)다. 무엇보다 "칼 든 자 칼을 거두고 냉큼, 납작 엎드"리게 하는 게 '붓의 힘'이 아니겠는가? (그런데 이 시조는 "남의 글을 빌려서 써내려간"이라는 말 때문에, 최근 우리 시조시단을 강타한 표절 문제로도 읽힐 수 있다. 그럴 경우 "칼 든 자 칼을 거두고 냉큼, 납작 엎드린다"라는, 둘째 수 종장은 그런 행위를 어물쩍 덮어주는 문단권력에 대한 고발이라 할 수 있다.) 어느 경우이든 시인은 거시적인 안목을 견지하면서 글의 위의를 다시 한 번 되새긴다. "낡고 닳아 버리려던 붓"은 시조라는 장르이면서 그가 지금까지 견지해오던 민중을 위한 시작의 자세이기도 하다. 아직은 씻은 붓을 "역사의 빈 시렁에 내 공손히 얹"어 역사의 씨줄과 날줄 속에 견주어 벼려볼 필요가 있다는 말이다. 왜냐하면 자신의 시작 행위는 "피 묻은 민중의 소리 끌어안을 그날까지" 멈출 수 없기 때문이다. '피 묻은 민중의 소리 끌어안기' 그것은 그의 시조 창작의 목적이며 정신이기도 하다.

3. 가족 서사, 그리고 그 너머

이제 우리는 가족 서사를 살펴볼 때가 되었다. 시인은 어머니와 아버지에 대한 시조를 많이 창작했다. 그러면 그분들은 시인 개별자의 부모로서의 특징만을 소유한 존재들인가? 반드시 그렇지만은 않다. 그분들도 앞장에서 서술했던 끈질긴 생명력을 가진 민초들의 서사의 범주에 포괄시킬 수가 있다. 그가 묘사하는 대상인 어머니, 아버지는 개인

작품론 | 손진은

사를 거느리고 있으면서도 당시를 살았던 모든 부모의 전형성으로까지 확대될 수 있기에 유의미하다. 그의 시조는 드물게 그런 지점을 확보하고 있다. 먼저 아버지를 다룬 작품 몇 편을 살펴보기로 한다.

적막에 턱을 괴고
살구꽃 환한 봄날

혼자 남은 아버지가
바가지에 쌀을 씻는다

이승의
남은 집 한 채,
새소리도 끊겼다
-「너무 큰 집」

여기서 "새소리도 끊긴" "이승의/남은 집 한 채"는 고향집이면서 이승에 혼자 남겨진 아버지라는 사무치는 외로움과 막막함의 집이기도 하다. 이럴 때 '새소리'는 내면의 생기라 보아도 좋을 것이다. 그러나 현상적으로는 혼자 기거하시기에 덩그렇게 큰 집, "혼자 남은 아버지가/바가지에 쌀을 씻는" 풍경은 "살구꽃 환한 봄날"의 밝고 환한 풍경과 대비되면서 비애감을 한층 증폭시킨다. 시인은 그것을 천애의 고적함이라는 말 대신에 '너무 큰 집'이라고 에둘러 표현하고 있는 것이다.

작품론 | 손진은

이런 풍경의 애잔함은 우리 시대에서 이제 드물지 않게 보는 풍경이 되었다. 그러니 이 시대의 전형성으로 읽을 수 있는 것이다.

> 부축 받아 뒷간 가던 아버지가 서서 지렸다
> 백 마리 낭패 앞에 선, 사전에도 없는 표정
> 내 생애 가장 뜨거운 침묵의 순간이었다
>
> 깨진 알이 흐르듯 신발에 고인 바다
> 드센 풍랑에도 바람 올올 무지개 걸던
> 아버지 섬으로 서서 내 손 가만 놓았다
> -「낭패」

*낭패 : 중국의 전설에 나오는 동물이다. 낭狼은 뒷다리 두 개가 아주 짧은 동물이고 패狽는 앞다리 두 개가 아주 짧은 동물이다. 이들 둘은 항상 함께 붙어 다녀야 먹이를 구할 수 있으나 서로의 생각이 맞지 않으면 꼼짝도 할 수가 없다. 이런 경우 '낭패'를 보았다고 말한다.

이 작품은 앞서 살핀 「너무 큰 집」의 후사後事라 할 수 있다.

첫째 수 초장부터 난감한 상황이 벌어진다. 뒷간을 가던 아버지가 그 새를 참지 못하고 오줌을 지린 뒤, 그 모습을 자식 앞에 보인 극에 달한 낭패감과 치욕의 표정. 그것을 알아차린 자식은 "내 생애 가장 뜨거운 침묵의 순간"으로 얼어붙는다. 가장 중요한 건 바로 아버지의 심리다. "깨진 알이 흐르듯 신발에 고인 바다"는 묘사가 어느 정도까지 이를 수 있는가를 보여주는 구절이다. 오줌방울은 마치 구슬같이, 깨진

작품론 | 손진은

알같이 빛나며 흘러 신발에 그득 고인다. 그걸 시인은 "신발에 고인 바다"라고 범상치 않은 표현을 한다. 그것은 바로 중장에서 감당하기 어려운 큰 물결이 일렁이는 풍파의 세월에도 너끈히 해결했던 당신의 강단("드센 풍랑에도 바람 올올 무지개 걸던")을 표현하려는 전략이다. 그런 당신의 자존이 신발이라는 공간 안에 그 바다를 다 쏟아버릴 정도로 위축되었으니 그런 치욕이 세상에 어디 있을까? 아버지는 이제 천애의 "섬으로 서서 내 손 가만 놓"고 고립을 선택할 수밖에 없는 것이다. 서정의 고갱이가 빛나는 미적 형식과 자존심 강한 이 땅 우리 아버지의 생, 그것을 지켜보는 자식의 마음이 트라이앵글로 어우러진 가작이다.

앞서 우리는 「봄비」를 통해 자식을 생각하는 어머니의 안쓰러움을 살펴본 적이 있다. 그러나 어머니를 다룬 민병도 시인의 작품은 많다. 그 중의 대표작은 아마도 「흙」, 「장국밥」, 「양잿물 사분」, 「고장 난 시계 안에는 고장 난 시간이 없다」 등이 될 것이다. 하나같이 빼어난 시편들이라 가슴 뭉클하게 읽었다. 특히 "뽀득뽀득 윤이 나는 어머니는 사분이다/뼈마저 뭉그러뜨려 자식의 때를 씻는"(「양잿물 사분」, 셋째 수 중장 종장)의 반전에 이르면 글을 쓰는 필자의 눈에도 뜨거운 것들이 고이게 했다.

울 오매 뼈가 다 녹은 청도 장날 난전에서
목이 타는 나무처럼 흙비 흠뻑 맞다가
설움을 붉게 우려낸 장국밥을 먹는다.

작품론 | 손진은

> 5원짜리 부추 몇 단 3원에도 팔지 못하고
> 윤 사월 뙤약볕에 부추보다 늘쳐져도
> 하교 길 기디렸다가 둘이서 함께 먹던…
>
> 내 미처 그때는 셈하지 못하였지만
> 한 그릇에 부추가 열 단, 당신은 차마 못 먹고
> 때늦은 점심을 핑계로 울며 먹던 그 장국밥.
> ―「장국밥」

흔히 어머니를 다룬 민병도의 작품에서 「장국밥」을 최고로 친다. 충분히 가능한 견해다. 현재, 과거, 현재로 이행하는 구조를 가진 이 시조에는 확실히 성장하는 자아가 있다. 그것은 철없던 어린 시절의 '나'를 지금에서야 돌아보며 어머니의 사랑에 젖어들고 있으니 말이다. 이 시조는 확실히 박재삼의 절창 「추억에서」와 함께 장사하는 어머니를 다룬 최고의 시편이라 할 수 있다.

둘째 수와 셋째 수는 상황의 적실성과 선명한 그림으로 우리를 울컥하게 하는 감동을 자아낸다. "5원짜리 부추 몇 단 3원에도 팔지 못하고" 처진 어머니, 그런 "셈도 못하"고 혼자 코를 박고 먹었던 어리석은 아들의 그림이 특히 그렇다. 그러나 첫째 수가 다른 시인들의 작품과 확연한 차별성을 확보하지 못하였으면 이 시조가 명편의 반열에 올랐을까? 현상적으로는 부추 몇 단을 파느라 "윤 사월 뙤약볕에 부추보다 늘쳐"졌으니, 청도 장날 난전에서 "울 오매 뼈가 다 녹"을 만하다. 그러나 그 구절은 뜨거운 날씨와 어머니의 고생이라는 문맥을 넘어 장국밥의 맥락에서 읽는 것이 더 유효하다. 「양잿물 사분」의 "뼈마저 뭉그러뜨려 자식의 때를 씻는"이라는 구절에서 보았듯, 이 국밥은 "울 오매 뼈가 다 녹은" 국밥이며, 시적 화자 '나' 역시 "한 그릇에 부추가 열 단, 당신은 차마 못 먹고" 지켜만 보시던 그 시절 오매를 생각하며 "목이 타는 나무처럼 흙비 흠뻑 맞"았으니 첫째 수 초장과 중장이 모두 장국밥 속에 우려지는 게 아니고 무엇이겠는가? 말하자면 지금 먹는 국밥은 "울 오매 뼈가 다 녹은", 거기다 "흙비 흠뻑 맞"은 나의 회오가 "설움으로 붉게 우려"진 장국밥인 것이다. 이 시조는 셋째 수 종장이 첫째 수 초장으로 역진逆進하는 면이 있는 시편인 것이다.

어머니의 일생을 다룬 민병도의 「흙」은 우리 시조가 잘 성취하지 못했던 새로운 영역을 거느리고 있어서 더욱 주목해야 할 필요가 있다. 바로 바슐라르의 '지수화풍' 4원소론에도 나오는 그 '흙'이며, 근원적으로는 가이아를 비롯한 대지모신大地母神으로 기능하는 '어머니 흙'의 형상을 보이고 있기 때문이다.

    어머니는 칠십 평생 흙을 파며 사셨다
    손에 흙이 묻어야 목에 밥이 넘어간다며
    날마다 빈들을 깨워 온 몸으로 안았다

    원하는 3할 치는 밥을 주고 꽃을 주던
    세상과의 이별을 위해 어머니가 흙을 놓자

작품론 | 손진은

　　가만히 흙이 다가와 긴 노고를 감싸주었다

　　언제나 땀에 젖어 하나도 젖지 않은
　　누군가의 몸이었을, 누군가의 어머니였을
　　흙이여 너의 몸에선 어머니의 살내가 난다
　　―「흙」

　이 작품은 둘째 수 종장을 기점으로 어머니와 흙의 역할이 바뀐다. "칠십 평생 흙을 파며 사"시고 "손에 흙이 묻어야 목에 밥이 넘어간다" 시던 어머니는 외견상 억센 노동을 하는 농촌 아낙의 형상을 하고 있는 것처럼 보이지만, 종장 "날마다 빈들을 깨워 온 몸으로 안았다"에 이르면 어머니는 자상하고도 자애로운 '땅의 어머니 신'의 모습을 띤다. 어머니는 나날의 삶을 농사꾼으로서가 아니라 땅을 품어 안은 신의 품성과 자세로 사신 것이다. 둘째 수 "원하는 3할 치는 밥을 주고 꽃을 주던"은 원하는 모든 것을 허락하지 않는 세상의 이치와 순리, 나아가 노동이 주는 일상적 양식(밥)과 소슬한 정신적 양식(꽃)을 말한다. 이 세상의 생을 다하고 어머니가 흙을 놓는 순간은 바로 죽음의 시간이며, 그것은 빈들을 깨웠던 어머니의 역할이 "가만히 다가와 긴 노고를 감싸 주"는 흙, 대지로 바뀌는 순간이다. 셋째 수는 놀랍게도 어머니와 흙이 완전동체임을 보여준다. "언제나 땀에 젖어 하나도 젖지 않은"의 신비를 보라. 흙은 어머니이기에 땀에 젖어 있고, 대지모신이기에 젖지 않는다. 그것은 바로 불이不二이다. 시인의 혜안은 "누군가의 몸이었을, 누군가의 어머니였을" 흙을 본다. 그러면서 나직이 속삭인다. "흙이여 너의 몸에선 어머니의 살내가 난다"라고. 민병도의 몇 편으로 한국시조는 시조가 다룰 수 있는 영역을 많이 넓혔다고 생각한다.

4. 민병도 시조시학 50년의 의미

시조 읽기가 텍스트를 둘러싼 여러 맥락과 긴장 속에서 시인이 숨겨놓은 감동을 발견하고 독자가 다채롭게 의미를 구성해내는 역동적 대화과정이라 할 때, 필자는 민병도의 시조야말로 우리 민족 공동체의 고유 양식인 시조의 품격을 지키면서도 상상력의 자유로움과 치열한 현실 인식, 내밀한 사유의 깊이를 스스럼없이 잘 녹여낸 문학이라고 생각한다.

먼저 그는 '인간의 일에 자연이 참여하는 일'이라는 세계관과 정신의 바탕 위에서 창작을 해 왔다. 인간의 일에 다른 사물과 생물들이 참여하는 것은 말할 것도 없고 자연이 참여하는 서정, 나아가 인간이 식물로 변신하는 모티프를 다룬 작품에 이르기까지 개성적이고 의욕적인 시도로 한국 시조단의 돌올한 성과를 이루어냈다. 인간과 자연을 뚜렷이 나누지 않는 정신, 그것은 우리 삶의 뿌리와 근저를 이루는 정신과 사상을 찾으려는 모색에서 발원하는데, 자연의 세목들은 시인의 삶의 표상으로도 작용한다.

다음으로 생각할 수 있는 사실은 시인이 형식과 내용의, 서정과 현실의 균형을 유지하고 결합하는 내공을 가지고 창작에 임해왔다는 것이다. 그는 특히 탄탄하게 다져진 서정의 내공으로 우리 시조단에서 통시적이고 공시적인 안목으로 역사와 시대의 질곡과 절망, 아픔을 위무하는 시조를 써왔다. 민병도가 주로 다루는 풀, 들풀은 넉넉한 힘으로 일어서고 타자를 포용하는 역사성을 지닌 선한 민초들이다. 그들은 베이고 넘어지면서도 끝없이 주는 선량하고 어진 인간들로서 이들이 역사를 지탱하는 힘이 되는 놀라운 역설을 보여준다.

가족 서사를 다룬 민병도의 시에서 대상인 어머니, 아버지는 개인사를 거느리고 있으면서도 당시를 살았던 모든 부모의 전형성으로까지 확대될 수 있는 지점을 확보하고 있다.

어머니의 일생을 다룬 민병도의 「흙」은 우리 시조가 잘 성취하지 못했던 새로운 영역, 즉 '어머니 흙'의 형상을 거느리고 있어서 특별히 주목될 작품이다.

민병도의 시조시학 50년, 그것을 한 마디로 표현하는 말은 무얼까? 필자는 '민초들이 열어가는 어진 사랑의 역사'라고 명명해 본다. 그의 서정도 현실도 나아가 비옥한 사상의 자양도 결국 이 땅에 태어나서 자라고 대자연과 함께 살아가다 흙이 되는 민초들의 어진 삶과 사랑을 호흡하는 것에 다름 아니기 때문이다.

작품론 | 유성호

역사와 자연과 예술에서 길어 올린 정형미학의 한 극점

— 『바람의 길』 작품해설

유 성 호 | 문학평론가, 한양대학교 국문과 교수

1.

　오랜 양식적 변형과 계승을 겪으면서 오늘날에 이른 시조時調는, 정형 양식으로서의 견고한 성층을 통해 자신만의 함축과 절제의 원리를 순일하게 지켜왔다. 다양한 해체 지향의 원심적 확장 경향이 부박하게 떠도는 우리 시대에, 시조는 구심적 동일성의 미학을 지속적으로 지켜옴으로써 자신만의 독자적인 길을 걸어온 셈이다. 그래서 우리는 오늘날에도 시조를 통해 오롯한 정신적 기품과 세계의 원초적 통일성을 탐구하고 복원하는 고전적 상상력을 충일하게 경험할 수 있었던 것이다. 그렇게 시조는 형식에서의 정형성과 내용에서의 고전적 주제를 충실하게 결속한 형상으로 자기 개진을 이루어왔다고 할 수 있다. 이는 시조가 시인 개인의 자율적 경험뿐만 아니라, 정형적 율격과 전통적 시상詩想의 완결성을 충족시키는 본령을 지켜왔기 때문에 가능했던 일일 것이다. 물론 고시조가 현대시조로 이월하면서 다양한 형태나 내용들

작품론 | 평론 1

이 시조의 외연을 확장해온 것은 사실이지만, 그럼에도 시조의 근간이 정형성과 고전적 주제에 있다는 사실이 크게 바뀌지는 않는다. 특별히 시조는 형식에서의 원심적 파격을 좀처럼 허락하지 않으며, 정형성의 유지와 강화가 시조의 시조다움을 지키는 중요한 길이었음을 여러 모로 증언해온 터였다.

민병도 시인의 신작 시조집 『바람의 길』(목언예원. 2017)은, 등단 40년을 훌쩍 넘긴 우리 시조시단의 중진이 들려주는 정형미학의 한 극점이라고 할 수 있다. 그만큼 그의 시조는 세속의 번다함으로부터 벗어나 고전적 세계를 구축하면서도, 정형성의 근간을 빼어나게 견지하는 시적 경험 속으로 우리를 이끌어 들이고 있다. 사실 민병도 시인을 빼고 1980년대 이후의 우리 시조를 설명하기란 거의 불가능하다. 그만큼 그는 우리 시조시단의 중책들을 하나하나 수행해가면서도, 자신만의 미학적 고갱이를 숱하게 남김으로써 한국 시조사의 거목으로 우뚝 남았던 것이다. 이번 시조집에서는 차분하게 공동체적 역사와 개인적 실존을 사유하고 표현하는 잔잔한 기록을 다수 담아냈는데, 말하자면 오랜 역사의 흔적을 탐사하는 고고학적 열정과 함께 자기표현의 정직성을 농밀하게 보여준 것이다. 그럼으로써 시인은 역사에 다가서는 방법론에서는 잊힌 외곽과 주변에 대한 가열한 탐구를 보여주고, 실존적 고백의 측면에서는 진정성의 한 정점을 우리에게 들려주고 있는 것이다. 그리고 그러한 탐구와 고백이 투명한 언어적 의장意匠에 감싸여 있을 때, 우리는 시조가 얼마나 예술적으로 승화할 수 있는지를 뚜렷한 실례로서 목도하게 되는 것이다.

작품론 | 유성호

2.

  그동안 민병도 시인이 공들여 형상화해온 것은, 우리의 지리적, 역사적, 정신적 흔적들이었다. 우리 모두의 일종의 '집단 기억'을 그만의 개성적 필법으로 아름답고 섬세하게 펼쳐 보여준 것이다. 여기서 우리는 과연 그에게 이러한 지리적, 역사적, 정신적 흔적들이 어떤 의미를 띠고 있을까 하는 질문을 하게 되는데, 우리가 생각하기에 그것은 흔하게 만나보는 유랑 의식의 상관물도 아니고, 순수한 실증적 대상도 아니고, 오히려 시인 자신의 사유와 감각의 기원(origin)을 암시하는 상징적 의미를 띤다고 말할 수 있을 것이다. 먼저 다음 작품을 읽어보자.

    싸락눈 사각사각 먹물마저 얼어붙어
    꼭두서니 깨워주던 새소린들 들렸으랴
    적막에 턱을 괴고서 잠 못 드는 섬 하나

    분노야 내려놓으면 달빛처럼 가벼워서
    소나무 늙은 그림자 빈 초당을 기웃대고
    물결도 울음을 삼켜 수평선 베고 눕는다

    해는 하마 중천인데 마음 아직 캄캄하여
    촛불을 켜는 대신 마른 붓을 달래는가
    먼 바다 건너온 바람, 먹빛 앞에 푸르다

| 작품론 | 평론 1

> 떠나오지 않았으니 돌아갈 곳도 없어
> 유마경 덮어놓고 혼자 읽는 불이법문,
> 모슬포 저문 바다에 붉은 눈이 내린다
> ―『세한도歲寒圖』 전문

'세한도'는 추사 김정희가 제주도에서 제자인 이상적에게 그려 보낸 그림으로서, 소나무와 잣나무의 뚜렷한 절조節操와 기품이 단연 으뜸인 명품이다. 민병도 시인은, 그 스스로 화백畵伯으로서의 경험과 정체성을 중첩시키면서, 추사 생애의 한순간을 선명한 삽화로 만들어낸다. 가령 이 작품에서는 추사의 행적이 선연한 필법으로 그려지고 있는데, 시인은 먹물마저 얼게 하는 싸락눈 내리는 적막한 겨울날에 잠 못 이루었을 "섬 하나"를 상상한다. "소나무 늙은 그림자"가 "뼛속에 울음을 가둔/붉은 경전 한 구절"(「소나무」)처럼 빈 초당을 기웃대는 곳에서, "촛불을 켜는 대신 마른 붓을" 달래며 "먼 바다 건너온 바람"을 먹빛으로 추슬렀을 추사를 마음 깊이 떠올려보는 것이다. 그렇게 추사는 저물어가는 모슬포 바다에서 혼자 읽는 불이법문不二法門의 지경에 이르렀던 것이 아니겠는가. 이때 바닷가에 내리는 "붉은 눈"이야말로 추사의 분노와 슬픔과 예술혼이 함께 어우러진 상관물이 아닐 수 없을 것이다. 거기에는 "먹물로 새벽을 깨우는/서슬 퍼런 길"(「자로字路 ― 면암勉庵 생각」)이 있고, "새벽을 깨우던 새소리"(「호루라기」)가 가장 예리하고도 부드러운 예술적 자의식으로 숨 쉬고 있었을 것이다. 여기서

'세한도'가 민병도 시인이 쓰고 있는 '시조'와 유추적 등가를 이루고 있음은 췌언의 여지가 없을 것이다. 이처럼 시인은 역사의 한순간에서 자신의 실존적 자의식을 떠올려보기도 하고, 자신의 존재론적 기원을 이루는 집단기억을 채굴해가기도 한다. 다음 시편 역시 그러한 상징적 자장 안에서 아름답게 펼쳐지고 있다.

> 허구한 날 풍랑에 찢겨 빈 배로 돌아오던
> 아버지의 화풀이도 병상에서 끝이 났는지
> 한 생애 오롯이 품을 피리를 깎으셨다
>
> 입을 잠가 몸 비우고 말리기를 석 달 열흘,
> 이윽고 피리구멍처럼 붉은 구멍이 뚫리고
> 아무도 들어본 적 없는 금빛 소리가 새나왔다
>
> 때맞춰 마른번개가 지나는가 싶더니
> 천 길 고요 안에 향기로운 잠이 오고
> 아버지 낮게 웅크려 하얀 바람이 되셨다
> ―「만파식적萬波息笛」 전문

잘 알려져 있듯이, '만파식적'은 신라시대 전설에 나오는 피리로서 원명은 '만만파파식적萬萬波波息笛'이다. 신문왕이 해룡이 된 문무왕과 천신天神이 된 김유신으로부터 대나무를 얻어 만든 피리라고 전해지고 있

작품론 | 평론 1

다. 이 피리를 불면 적군이 물러가고 병이 나으며 가뭄이 해소되고 바람 불 때 물결이 평온해졌다고 한다. 소리로써 천하를 다스리고 화평하게 하며 모든 물결을 쉬게 하는 이러한 '만파식적'의 상징은, 고스란히 우리 삶에서 평화와 화해의 움직임을 환기하는 맞춤한 예증이 되어 왔던 것이다. 시인은 이러한 배경 설화를 활용하여 '아버지'를 애틋하게 호명한다. 아버지는 "풍랑에 찢겨 빈 배로 돌아오던" 생애를 통해 "오롯이 품을 피리"를 깎으시는 모습으로 남아 계시다. "피리구멍처럼 붉은 구멍"으로부터 새어나오는 "아무도 들어본 적 없는 금빛 소리"를 따라 아버지는 "하얀 바람"이 되셨는데, 이처럼 시인은 '만파식적' 설화를 애잔한 가족사의 한 컷으로 변용하면서 그것이 얼마나 보편적인 사람살이의 형상으로 이어질 수 있는지를 설득력 있게 보여준 것이다. 이때 비로소 우리는 민병도 시조가 "적막 두 평"(「일지암」)의 양식 안에 커다란 우주적 스케일을 품어내고 있으며, 나아가 "하얗게 잠 못 이룬 적소謫所"(「겨울강에서」)를 향하고 있음을 알게 된다. 이렇듯 그에게 역사적 상징이란, 오랜 시간을 탈환하는 상징적 거소居所가 되고 있는 것이다. 그리고 이러한 의식은 다음과 같은 산문에서 거듭 환하게 발견된다.

　삶의 긴 여정에서 길을 잃을 때마다 지나간 역사에서 길을 찾곤 한다. 물론 역사적 사실을 지식으로 읽어 사전처럼 머릿속에 저장해둘 요량은 아니다. 사안별로 내재된 동기와 결과가 주는 지혜를 통해서 새로운 방향성과 에너지를 얻기 위함이다. 초의선사의 선수행이나 다

작품론 | 유성호

산 선생의 학문적 실천행은 아무나 흉내 낼 수 있는 범위가 아니다. 다만 나태해진 육체와 흐려진 정신의 채찍으로 삼고 싶은 까닭이다.(「시작노트」, 《시조21》 2017년 봄호)

민병도 시인은 '세한도'와 '만파식적'이라는 역사 상징을 빌려 "삶의 긴 여정에서 길을 잃을 때마다 지나간 역사에서 길을 찾곤" 했던 자신의 의지를 재차 확인하고 있다. 이때 그에게 '역사'란 사전에 담긴 메마른 지식이 아니라 "지혜를 통해서 새로운 방향성과 에너지를" 주는 확연한 지남指南이 되어준다. 추사는 물론, 초의선사나 다산이나 면암 같은 이들이 그러한 소중한 목록을 이루고 있는데, 이들은 시인에게 "나태해진 육체와 흐려진 정신의 채찍"이 되어주고 있는 것이다.

우리가 잘 알듯이, 역사를 망각하고 앞으로만 나아가는 '속도 지향성'은 우리가 의식하지 못하는 사이에 우리 삶의 폭력적 에토스(ethos)가 되어버렸다. 하지만 민병도 시인은 오랜 물리적 시간을 천천히 거슬러 오르면서, 예의 속도 감각과는 정반대편에서 서서히 흘러온 역사적 자장을 탐색해간다. 그럼으로써 주변으로 밀려나 있던 중요한 순간들을 상상하게 해주고, 속도 반대편에 낮은 목소리로 발화하는 소중한 역상逆像들을 회복시켜준다. 마치 시간의 예리한 칼날이 오랜 무의식을 일깨우듯이, 우리가 잊고 살았던 역사의 기품을 새롭게 경험하게 해준 것이다. 그렇게 '역사'는 시인의 양도할 수 없는 시적 수원水源이 되고, 그만의 사유와 감각의 기원이 되고, 민병도 특유의 독자적 브랜드가 되고 있는 것이다. 참으로 깊고 융융하다.

작품론 | 평론 1

3.

　　다음으로 우리는 민병도 시학의 이러한 역사적 감각을 따라가면서, 탁월한 인물들의 존재론이 가져다주는 일종의 원형심상들을 여러 곳에서 발견하게 된다. 예컨대 그가 노래하는 존재론적 풍경은, 아름다웠던 지난날에 대한 감상적 추억이나 나아질 미래에 대한 열렬한 희망을 향하고 있지 않다. 다만 시간의 오랜 흐름과 함께 차츰차츰 지워져가는 삶의 가치와 속성에 그 감각이 바쳐지고 있다. 그래서 민병도 시인은 사물의 존재 형식을 새롭게 바꾸려는 지적 모험을 감행하지 않으면서, 사물의 심층에서 진행되는 삶의 형식을 투시하고 표현하려는 남다른 욕망을 일관되게 보여줄 뿐이다. 이렇게 깊이 관찰되고 표현된 삶의 형식을 통해 처연한 존재론에 다가서는 그만의 시작詩作 과정을, 우리는 다음 표제시편을 통해 들여다볼 수 있다.

　　　길을 들고 길을 떠돈, 그는 바람이었다
　　　필사본 책갈피에 붓 한 자루 끼워 넣고
　　　궐밖에 대꽃 피는 날 돌아오마 떠난 바람

　　　벼룻물에 달이 뜨면 매화꽃이 필거나
　　　먹장삼 덧껴입은 용장골 빈 새벽에
　　　불 꺼진 낯선 왕조의 촛대로나 잠시 앉은

어쩌면 처음부터 놓쳤는지도 몰라라
창칼로는 갈 수 없는 신화*와 짚신 사이
꿈이야 뜬다만 실밥, 끊어져서 쌓인다

풍경이 울어울어 눈은 자꾸 내리는데
도열한 댓잎 사이로 마음 먼저 떠나간다
먹물이 마르지 않은 책 한권 남겨두고
─「바람의 길 ─ 용장사에서」 전문

'용장사'는 매월당 김시습이 『금오신화金鰲新話』를 집필한 곳으로 알려져 있다. 시인은 이곳에서 '바람의 길'을 걸었던 매월당을 생각하고, 자신이 걸어갈 '바람의 길'까지 상상해 본다. 매월당은 말하자면 "길을 들고 길을 떠돈" 바람이었는데, 이처럼 "필사본 책갈피에 붓 한 자루 끼워 넣고" 떠난 '바람'은, '매월梅月'처럼 "벼룻물에 달이 뜨면 매화꽃이 필" 곳에서 "창칼로는 갈 수 없는 신화"를 찾아갔던 것이다. "먹물이 마르지 않은 책 한 권"을 남긴 채 떠나간 그의 길은 그렇게 자유롭고 매서우며 허허로운 '바람의 길'이었던 것이다. 그래서 '바람의 길'은, 장자가 말한 '허실생백虛室生白', 그저 텅 비어 있는 것이 아니라 만물의 이치를 포괄하는 흰 빛이 살아오는 공간으로 거듭난다. 그리고 그곳은 인간이 소극적으로 마련해두었던 실존적 둔피처遁避處가 아니라, 삶의 궁극적 펼침을 가능하게 했던 지극한 성소聖所였던 셈이다. 나아가 그 길은 "생각을 내려놓으면 마음은 만리장천"(「소쇄원」)이고, "잎새마다

작품론 | 평론 1

일어서는/역심逆心을 주저앉히고"(「묵죽墨竹」) 쓴 기록을 남긴 예술적 경로이기도 했던 것이다. 이렇게 '바람'의 원형심상을 마련한 시인은, "눈물로 길"(「용장사 마애불」)을 물어가면서, 그 원형심상의 외연을 차츰차츰 넓혀간다.

> 생각마다 때가 묻어
> 붓을 놓고 뜰에 서면
>
> 기다린 듯 덧칠하는
> 가을 바람 고운 붓질,
>
> 화법畵法을 버리고서야
> 장탄식을 얻는구나.
> —「바람 화법畵法」 전문
>
> 물에 밟혀 부서진 길
> 온몸으로 껴안고서
>
> 아픈 우리 이야기를
> 풀었다가 다시 조이며
>
> 가다간 울음도 섞어

작품론 | 유성호

키 낮추는 저 노래
―「강의 법문」 전문

　이번에는 바람 '화법'이다. 물론 여기서 '화법'이란 '畵法'이자 '話法'이기도 할 것이다. 생각에 때가 묻곤 할 때 시인은 붓을 놓고 뜰에 선다. 그 순간 "기다린 듯 덧칠하는/가을 바람"의 "고운 붓질"이야말로 새로운 그림을 그려갈 "화법畵法"을 시인에게 선사해준다. 그것은 버리고서야 비로소 얻는 역설의 구조를 띠고 있지만, 시인으로서는 새롭게 예술적 개진을 이루어갈 화법話法을 그것으로부터 얻는 셈이다. 그런가 하면 "물에 밟혀 부서진 길" 역시 '바람의 길'의 변주로서, "아픈 우리 이야기를/풀었다가 다시 조이며" 울려오는 '법문法文'이 되는 과정을 함축한다. 그야말로 "울음도 섞어/키 낮추는 저 노래"가 법문처럼 울려오는 것이다. 그렇게 시인이 걷는 새로운 '화법'과 '법문'의 길은, 위에서 본 '바람의 길'처럼, "천 리 먼 길 물의 감옥"(「지심도 동백」)을 지나 "자꾸만 제 몸 되밟아 길을 내는 물소리"(「물소리 법문」)로 몸을 바꾸어 간다. 이처럼 민병도 시인의 궁극적 관심은, "스스로 깊어지는 나무들의 긴 그림자"(「수성못 시편」)처럼, '바람'이나 '강' 같은 원형심상에 실린 자유로운 예술적 의지에 있는 것이다. 결국 민병도 시조는 오랜 시간에 대한 경험적 재구성이라는 서정 양식의 특성을 띰과 동시에, 우리 시조의 가장 원형적인 기율과 방법을 산뜻하게 보여준다고 할 수 있을 것이다. 그만큼 시인은 견고한 정형미학 속에 자신만의 경험과 정체성을 투사投射하면서 존재론적 상승을 이루어간다. 이러한 의지와

작품론 | 평론 1

실천이야말로 실존적이고 과정적인 존재자들이 겪는 물리적 시간을 뛰어넘을 수 있는 예술적 방법론이기도 하고, 전혀 다른 생성적 과정을 싱싱해갈 수 있는 미학적 축이기도 할 것이다. 우리는 민병도 시학의 원형적인 모험과 굴착의 의지가 바로 여기에서 발원한다고 말할 수 있을 것이다.

4.

다음으로 우리는 이번 시조집에서 심미적 함축으로 무장한 민병도의 단수 미학을 여럿 만나게 된다. 그의 구심적 형식 의지가 이로써 충분히 입증된다 할 것이다. 우리가 단수를 통해 기대하는 것은, 삶의 이치를 직관하는 찰나적인 에너지와 관련된다. 사실 단시조 안에 소소한 삶의 세목들이 일일이 담기는 것은 거의 불가능하다. 하지만 그 그릇이 작음에도 불구하고, 단시조는 삶의 이치를 직관함으로써 새로운 감각을 생성하는 데 충실한 역설의 토양이 되기도 한다. 말할 것도 없이, 단시조가 수행하는 이러한 직관과 해석의 과정은 삶의 구체적 과정을 품으면서 이루어지게 마련인데, 우리가 단시조를 통해 기대하는 것 역시 이러한 직관과 온축의 과정을 거쳐 시인 자신의 오랜 긍정의 세계로 나아가는 과정에 있을 것이다. 아닌 게 아니라 민병도 시편은 이처럼 단시조에 심미적이고 함축적인 정서를 깊이 담음으로써 가장 정제된 세계를 미학적으로 체현해낸다. 또한 그 세계는 아름답고 웅숭깊은 언어를 필수적 원리로 삼고 있다. 다음 시편들을 읽어보자.

작품론 | 유성호

시작도 끝도 없이
다가서면 더욱 모를

너와의 거리만큼
아니 간 듯 지나친 듯

함부로 넘겨짚었던
읽다 만 편지 한 줄
—「수평선」 전문

하루치 짐을 부린
빈 배가 되고 싶다

바람이 올라타면
대금 하나 꺼내놓고

달빛이 내려앉으면
가얏고를 펼치는
—「빈 배」 전문

 이 아름다운 시편들 속에서 '수평선'과 '빈 배'는 선명한 이미지로 살아나고 있다. 가령 '수평선'은 "시작도 끝도 없이/다가서면 더욱 모를"

타자와의 '거리'를 일깨워주면서, 동시에 "아니 간 듯 지나친 듯//함부로 넘겨짚었던/읽다 만 편지 한 줄"로 비유되고 있다. '한 줄'이 수평성과 물리적 등기성을 가지는 비유라면, '다가서면 더욱 모를'이나 '아니 간 듯 지나친 듯'은 수평선의 아득함을 통해 '너'와의 불가피한 거리를 알려주는 비유일 것이다. 그런가 하면 뒤의 시편에서 '빈 배'는, 마음속에 짐을 부린 채 "바람이 올라타면/대금 하나 꺼내놓고//달빛이 내려앉으면/가얏고를 펼치는" 꿈을 가지게끔 해주는 비유적 사물로 나타나고 있다. '배' 이미지는 가령 "별빛을 싣고/뒤척이는 폐선 한 척"(「폐선 2」)으로도 나타났거니와, 시인은 이처럼 낡거나 비어 있는 이미지를 통해 마음속 고요와 자유로움을 그리고 있다. 단수 속에 들어선 그만의 고요와 평화가 아늑하고 아득하다.

    손잡아 주지 않아
    지치고 불안해도

    고개를 숙이거나
    함부로 주저앉지 마라

    아직도 수많은 봄이
    네게 남아 있으니
    ―「아직도, 꽃」 전문

작품론 | 유성호

진달래 환한 날에
슬픔마저 환한 날에
읽던 경을 물리고
목을 빼고 앉은 부처,
저만치 인기척에 놀라
가부좌를 고친다
―「봄, 마애불」 전문

　이번에는 '꽃'과 '봄'이다. "아직도 수많은 봄이/네게 남아 있으니"라고 '꽃'을 호명하고 있는 시인은, 삶의 고단함에도 불구하고 "고개를 숙이거나/함부로 주저앉지 마라"고 우리 모두에게 권면한다. '아직도'라는 부사가 그러한 삶의 불가피하고 역동적인 의지를 잘 드러내준다. 또한 민병도 시인은 진달래가 환하게 피어 "슬픔마저 환한 날"에 경전마저 물리고 "목을 빼고 앉은 부처"의 모습을 통해 봄날이 가지는 생성적 풍경을 잘 보여준다. 여기서 부처는 "저만치 인기척에 놀라/가부좌를 고친" 모습을 하고 있는데, 만물의 생성적인 화응和應 과정이 잔잔하고도 화해롭게 반사되고 있다 할 것이다. 이러한 풍경들은, "너는 견줄 데 없는, 눈부신 꽃 한 송이"(「한때 꽃 2」)에서처럼, 시인의 빼어난 관찰과 표현의 역동성에서 이루어져가고 있다. 이 또한 단아한 형식 안에서 큰 숨을 쉬고 있는 우주적 이법의 한 형상일 것이다.

작품론 | 평론 1

세상의 모든 꽃이
내 것일 필요는 없다

세상 모든 사람이
다 내 편일 필요도 없다

눈 감고
서로를 보는
너 하나도 너무 많다.
―「오직 한 사람」 전문

네가 떠난 자리
이름 모를 씨앗 하나

물 한 방울 없어도
가슴 한켠 뿌리내려

비라도 내리는 날엔
잎이 자라 파랗다
―「그리움」 전문

이번에는 일종의 2인칭 시편들이다. 이는 부재하거나 사랑하는 대상에 대한 지극한 열망을 담음으로써, 우리로 하여금 '부재-열망'이 얽힌 구조를 통해 사랑이 어떻게 완성되는가를 경험하게끔 해주는 실례들이다. 시인은 '오직 한 사람'을 향한 가없는 사랑을 노래하는데, "세상의 모든 꽃"이나 "세상 모든 사람"이 아니라 "눈 감고/서로를 보는/너 하나"로도 우주가 가득 차 있음을 새삼 고백하고 있다. 충일하고 빽빽한 사랑의 마음이 그 안에 담겨 있다. 그런가 하면 시인은 "네가 떠난 자리"에서 "이름 모를 씨앗 하나"를 발견하기도 한다. 그 씨앗이 물 한 방울 없는 곳에 뿌리를 내리고, 비라도 오면 푸른 잎을 뻗어가는 과정 자체가 시인의 그리움을 선연하게 보여주는 것이다. 말하자면 "저 명든 그리움조차 저며 오는 칼날"(「나팔꽃 시편」)이 되어가고 있음을 노래하는 것이다.

 이처럼 민병도 시인은 우리의 삶을 규율하는 근본 조건 예컨대 인간의 의지나 노력으로는 어찌할 수 없는 '사랑'과 '그리움'을 노래하는 서정시인이다. 곧 삶의 본원적 형식인 사랑과 그리움을 불러들여 존재론적 서정을 지속적으로 완성해가고 있는 것이다. 그 심미적 결실로 얻어진 존재론이 이번 시조집의 압권으로 다가온다. 이러한 사랑과 그리움의 언어는, 오랜 내력으로 민병도 시조 안에 흐르고 있고, 시인은 그 속에 흐르는 사랑이 그리움을 낳고 또 그 그리움이 사랑으로 이어지는 끊임없는 회감回感 과정을 완성하고 있는 것이다. 마치 뫼비우스의 띠처럼, 그렇게 사랑과 그리움을 잇는 과정이 이번 시조집을 관통하고 있다. 이 모든 것이 단수 미학을 통해 이루어지고 있다는 점이, 민병도 시조의 예술성과 형식 의지를 분명하게 알려주고 있는 것이다.

5.

다음으로 민병도 시학의 또 다른 주제 역域인 '자연'과 '예술'을 읽어 보도록 하자. 잘 알려져 있듯이, 시조를 포함한 문학은 모두 시간예술이다. 특별히 시조는 시간의 흐름에 의해 완성되는 경우가 많다는 점에서 시간예술로서의 속성을 더 확연하게 보여준다. 하지만 생각을 달리 하면, 시조가 시간 자체를 대상으로 하는 예술이라는 측면에서도 그러한 진술은 가능할 것이다. 시조를 삶의 순간적 파악에 기초한 예술로 생각한다고 해도 사정은 변하지 않는다. 그 순간이란 오랜 시간의 흐름이 온축되어 있는 '충만한 현재형'일 테니까 말이다. 민병도 시인은 이러한 충만한 현재형을 통해 오랜 시간의 흐름을 성찰적으로 재구再構하면서, 이를 통해 삶의 보편적 이법理法을 탐구하는 고전적 열정을 아름답게 보여준다.

새하얀 도화지에 줄을 긋고 칠을 합니다
낯선 새 한 마리 포륵포륵 날아와서
숨겨온 긴 목청 뽑아 봄을 불러냅니다

새소리 사이사이 맑은 냇물 흐릅니다
그 냇물 따라가면 풀꽃 고운 작은 마을
동구 밖 마중 나오신 어머니가 있습니다

작품론 | 유성호

우리들은 크레파스, 색도 꼴도 다릅니다
서로의 빈자리를 알록달록 채우다보면
세상엔 없는 나라가 꽃등 환히 켭니다
―「크레파스」 전문

'크레파스' 역시 '화백 민병도'의 예술적 자의식을 비유적으로 보여주는 뚜렷한 제재일 것이다. 하얀 도화지에 줄을 긋고 칠을 하니까 "낯선 새 한 마리"가 날아와 "숨겨온 긴 목청" 뽑아 봄을 불러내고 있다. '새소리'와 '냇물'을 따라가면 작은 마을 동구 밖에 '어머니'가 서 계신다. '크레파스'처럼 색도 꼴도 달랐던 "우리들"은 "서로의 빈자리를 알록달록 채우다보면/세상엔 없는 나라"가 꽃등 환히 켜진다고 상상했었을 것이다. 시인의 어린 시절을 연상케 하는 작품이 아닌가 한다. 그 순간 우리는 모두 "창가에 몰래 두고 간//어머니의 짧은 편지"(「봄비」)를 떠올리고, "이 밤 또 눈시울 붉혀/달문을 연 어머니"(「달문」)를 반가이 만나기도 한다. 이처럼 자연과 예술이 지극하게 어울려 있는 애잔한 풍경의 극점이 아름다운 시간예술로 반짝이고 있는 것이다. 다음 시편은 그렇게 자연과 예술을 하나로 통합한 상상력의 현장으로 기억해둘 만한 빼어난 가편佳篇이다.

눈 밝은 사람조차 요량할 수 없는 날에
반도의 정연한 뼈 서쪽으로 눕혀놓고
가슴에 서늘히 닿아 옷을 벗은 강이 있다

작품론 | 평론 1

홀연히 나선 길에 꺾어지길 수수만년
낮게낮게 엎드려서 자존마저 짓밟아서
사람과 마을 사이를 가로질러 흐르는 강

막히면 돌아가서 다시 외는 경전처럼
뉘에게도 이기지 않고 뉘에게도 지지 않는
모두가 눈으로 보면서 아무도 보지 못한 강

더러는 고운 새와 붉은 꽃의 유혹에도
찰나의 미동도 없이 눈길 주지 않은 채
돌아서 아픈 시간을 몰래 닦는 강이 있다
-「낙동강」 전문

 낙동강은 영남지방의 대동맥으로서 삼한시대부터 그곳 역사와 문화의 상징이 되어주었다. 시인은 "반도의 정연한 뼈"를 서쪽으로 눕힌 채 오래도록 낮게 엎드리면서 "사람과 마을 사이를 가로질러 흐르는 강"을 바라보고 있다. "막히면 돌아가서 다시 외는 경전"처럼 낙동강은 "뉘에게도 이기지 않고 뉘에게도 지지 않는" 세월을 완강하게 이어왔다. 이러저러한 유혹에도 눈길을 허락하지 않은 채 "돌아서 아픈 시간을 몰래 닦는" 시간을 가져왔던 것이다. 거기에는 "함부로 잠들지 않는 영원한 아침"(「독도」)이 있고, "날마다 숨결 뜨거운 뼈"(「이상화」)를 되새기는 시간이 있다. 그렇게 자연과 예술과 역사가 한 몸을 이루는 상관물로 '강'은 흐르고 있는 것이다.

　우리가 알거니와, 시조 전통에서 자연 형상을 통해 삶의 이법을 궁구하고 표현하는 것은 매우 보편적인 방식이었다고 할 수 있다. 이때 자연 형상은, 인간과 자연이 근원적 관계를 맺고 있다는 생생지리生生之理의 관점을 내보이면서, 인간과 자연 사이의 관계론을 지속적으로 보여주는 방향으로 진행되어왔다. 이러한 관점을 통해 우리는 자연 전통이 얼마나 낯익은 것인지를 어렵지 않게 알 수 있다. 그만큼 자연은 원형성, 보편성, 직접성 등을 핵심적 속성으로 거느리면서 시조의 경험 속에 광범위하고도 근원적으로 녹아 있는 소재이자 형상이 아닐 수 없었던 것이다. 민병도 시학에서 자연은 이렇게 예술적 자의식과 결합하여 아름답고 유장한 흐름을 가진 형상으로 거듭나고 있는 것이다.

6.

　우리가 천천히 읽어온 것처럼, 민병도 시조는 '역사'와 '자연'과 '예술'에서 길어올린 정형미학의 한 극점을 보여주었다. 아닌 게 아니라 이러한 시조 의식은 다음 산문에 잘 나타나 있다.

　돌이켜 생각해 보면 내가 시조를 선택한 데는 아마도 전공인 한국화가 지닌 정신적 동질성 같은 것이 작용하지 않았나 싶다. 우리의 자연을 스케치하고 필법을 공부하면서 가장 먼저 인지할 수 있었던 부분은 '자연이 지닌 놀라운 질서'였으니 말이다.

작품론 | 평론 1

우리가 살아온 자연은 봄이 오되 정해진 날이 없고 날을 정하지는 않았지만 한 번도 겨울을 건너가는 법이 없었다. 어쩌다 강이 넘치지만 이내 제 길을 찾아 흘리기고 산은 산대로 일정한 기골과 근육을 지니고 있었다. 필법은 필법대로 과거를 통하여 미래를 열어 갔고 의식은 의식대로 보편적 가치를 그르치지 않았다. 그것은 묶지는 아니하되 벗어나지도 않는 위대한 질서였다.

이 같은 질서에 대한 이해는 자연히 형식에 대한 이해로 이어지고 우리 자연환경이 창출해 낸 민족시에 대한 신뢰로 귀결되었는지도 모른다. 말하자면 우리가 꿈꾸어 온 무한자유에 대한 허구성과 불안함을 동시에 느끼게 되었을지도 모른다. (「시조를 통한 수신修身 그리고 소통과 화해」, 《유심》 2011년 7·8월호)

시인은 '한국화'와 '시조'의 "정신적 동질성"에 바탕을 둔 "자연이 지닌 놀라운 질서"를 발견해간다. "필법은 필법대로 과거를 통하여 미래를 열어 갔고 의식은 의식대로 보편적 가치를 그르치지 않았다."는 그 위대한 질서야말로, 민병도의 오롯한 시법詩法이자 화법畵法이었을 것이다. 그러한 '질서'에 대한 이해가 '형식'에 대한 이해로 이어지면서, 시인은 정형성을 핵심으로 하는 시조에 대한 신뢰로 자신의 삶을 귀결해간 것이다. 이러한 양식적 자각은 아무나 흉내 낼 수 없는 진정성을 바탕으로 하면서도, 한편으로는 민족 시형을 통해 근대의 역상逆像을 드러내려는 그의 예술적 의지를 충실하게 반영하고 있다 할 것이다. 그래서 우리는 민병도 시조를 통해 구체적 시공간에서 빚어진 사람살이의 양상을 사실적으로 경험하면서, 동시에 근대의 폭력성에 의해 밀려난 경험적 실재들을 아득하게 바라볼 수 있게 될 것이다. 민병도 시조는 관념으로 직핍하지 않고 그 안에 사물의 구체성과 결합된 삶의 형식을 품어내고 있는데, 이때 우리는 시조야말로 이러한 과제를 완성할 수 있는 둘도 없는 양식임을 알게 된다. 민병도 시학은 그러한 예술적 생성 원리를 매우 전형적으로 구현하고 있다 할 것이다.

　결국 이번 시조집은 민병도의 시적 생애에서 매우 중요한 결절점의 위상을 점해갈 것이다. 이는 시인 자신의 존재론적 기원과 삶의 깊이 그리고 지속되어야 할 사랑의 마음이 그 안에 아름답게 담겨 있기 때문이다. 이는 아프게 통과해온 지난 시간들에 대한 각성과 치유의 기록이자, 지상의 존재자들을 향한 지극한 사랑의 마음을 토로하는 고백록이자, 앞으로 펼쳐질 삶에 대한 실존적 의지를 담은 예술적 자의식의 출사표이기도 하다. 이처럼 시인은 자신의 기원과 사랑의 탐색을 통해 아름다운 실존적 의지에 가 닿으면서, 우리에게는 진정성 있는 주체가 들려주는 자기 탐색의 목소리를 하염없이 듣게끔 해주고 있다. 그래서 우리는, 민병도 시학의 이러한 빛나는 속성들이 더욱 심화되어 가면서, 한국 현대시조의 우뚝한 입상立像을 세워가는 미학적 견인차가 되기를, 마음 깊이, 소망하게 되는 것이다.

작품론 | 평론 2

'칼의 노래'에 담긴 '따뜻한 마음의 노래'를 찾아

—민병도의 『칼의 노래』에 덧붙여

장 경 렬 | 서울대 영문과 교수

1. 논의를 시작하며

만해마을에서 시조 관련 세미나가 열렸던 어느 여름날 저녁, 나는 민병도를 비롯한 몇몇 시조 시인들과 함께 설악산 십이선녀탕 계곡 입구의 한 주막을 찾았다. 그곳에서 우리는 두부와 묵무침을 안주 삼아 동동주를 즐겼다. 어쩌다 보니, 이야기가 시조의 현재상황에 대한 반성과 개탄으로 이어졌으며, 여러 사람이 각자 견해를 밝히는 가운데 민병도는 경상북도 사람 특유의 억양과 어투로 다음과 같은 내용의 말을 했다. "시조 시인들이 앞장서서 시조 시집과 시조 평론집을 삽시다. 스스로 돌보지 않는다면 어찌 시조 시단의 부흥을 꿈꿀 수 있겠습니까." 사실 이 같은 주장에는 특별할 것이 없다. 그리고 경상도 사람 특유의 억양과 어투에도 특별할 것이 없다. 하지만 나는 조용히 자신의 생각을 밝히는 그의 어조와 표정에서 무언가 특별한 것을 읽었으니, 그것은 바로 특유의 진솔함이었다.

작품론 | 장경렬

    그리고 2년이 지난 2014년 여름 나는 유사한 행사 때문에 다시 만해마을을 찾았고, 그날 나와 의기투합한 시인 몇 사람이 십이선녀탕 계곡 입구에 있는 예의 그 주막을 다시 찾았다. 주막의 안주인과 바깥어른인 심마니 아저씨가 오랜만에 다시 찾은 나를 알아보고 반갑게 맞아 주었다. 그런데, 아니, 이럴 수가! 옛날의 동동주는 찾는 사람이 많지 않아 준비해 놓지 않았다 한다. 하지만 강원도에 가서야 맛볼 수 있는 옥수수 막걸리가 우리를 대신 반겼다. 언제나 변함없는 주막 앞의 산천경개에 눈길을 주며 두부와 함께 막걸리를 즐기다, 나는 내 맞은편에 앉아서 특유의 어조와 표정으로 말을 이어가던 민병도의 모습을 떠올렸다. 그리고 곧 내가 처음 읽었던 민병도의 시조 한 편을 기억에 떠올렸다.

    울 오매 뼈가 다 녹은 청도 장날 난전에서
    목이 타는 나무처럼 흙비 흠뻑 맞다가
    설움을 붉게 우려낸 장국밥을 먹는다.

    5원짜리 부추 몇 단 3원에도 팔지 못하고
    윤 사월 뙤약볕에 부추보다 늘쳐져도
    하교 길 기다렸다가 둘이서 함께 먹던…

    내 미처 그때는 셈하지 못하였지만
    한 그릇에 부추가 열 단, 당신은 차마 못 먹고

작품론 | 평론 2

> 때늦은 점심을 핑계로 울며 먹던 그 장국밥.
> ―「장국밥」 전문

　이 시에서 시인은 "장국밥"을 매개로 하여 자신의 어린 시절을 떠올린다. 장소는 "청도 장날 난전," 그것도 "울 오매 뼈가 다 녹은 청도 장날 난전"이다. 그곳을 시인이 다시 찾은 것이다. "목이 타는 나무처럼 흙비 흠뻑 맞다가"라는 구절이 암시하듯 그는 갈증과 피로에 젖어 "장국밥을 먹는다." 그런데 왜 "설움을 붉게 우려낸 장국밥"인가. "뼈가 다 녹"도록 고생하던 어머니의 모습이, "5원짜리 부추 몇 단 3원에도 팔지 못하고 / 윤 사월 뙤약볕에 부추보다 늘쳐져도" 식사를 하지 않는 채 아들을 기다리던 어머니의 모습이 떠올랐기 때문이리라. 그런데 그때 "[아들의] 하굣 길 기다렸다가 둘이서 함께 먹"겠다는 핑계를 대곤 했지만 "당신은 차마 못 먹고" 아들만을 먹였다. 왜 그랬을까. "미처 그때는 셈하지 못하였지만 / 한 그릇에 부추가 열 단"인 "장국밥"을 "당신은 차마 못 먹"었던 것이다. 아아, 때늦은 깨달음이란! 시인의 "오매"가 꾸려가야 했던 신산한 삶의 여정을 떠올리며 어찌 시인의 목이 메지 않을 수 있겠는가. 둘째 수의 종장에 나오는 말없음표는 목이 메어 말을 제대로 잇지 못하는 시인의 모습을 암시하는 것이리라. 마침내 시인은 "장국밥"을 "울며 먹"는다. 그런 시인의 모습을 상상하며 가슴이 저며 오는 것을 느끼지 않을 독자가 과연 어디 있겠는가. 이 시를 처음 읽었을 때 나는 코끝으로 몰려오는 찡한 느낌에 잠시 멍해지지 않을 수 없었다. 자식에 대한 어머니의 애틋한 사랑과 이를 뒤늦게

작품론 | 장경렬

헤아리고 마음 아파하는 자식의 모습이 시에서 생생하게 짚였기 때문이었다.

만해마을을 다녀와서 나는 곧 시조 시인 민병도가 보내온 새로운 시집 『칼의 노래』의 원고를 꼼꼼히 살펴 읽었다. 특히 시집의 제5부 "자서전을 읽다"에서 나는 아주 오래전에 느낄 수 있었던 시인 특유의 시적 정취를 감지하고, 즐거운 마음으로 어머니와 아버지에 대한 그의 회상과 그리움에 동참했다. 물론 그의 이번 시집이 보여 주는 것은 이 같은 정조의 작품들만이 아니었다. 현실의 삶과 일상의 삶을 살아가는 동안 세계를 바라보고 이에 반응하는 시인의 마음이 감지되는 다양한 작품들이 시집의 제1부에서 제5부에 이르기까지 주제나 소재별로 나뉘어 담겨 있기도 했다. 이제 이 같은 그의 새로운 시집에서 특히 우리의 눈길을 끄는 몇몇 작품을 선정하여, 이들에 대한 독해를 시도하기로 하자.

2-1. "칼의 노래"와 시인의 "꿈"

시집의 "제1부 광장에서"에 수록된 작품 가운데 특히 우리의 눈길을 끄는 것은 시집 『칼의 노래』에 표제를 제공한 시 「검결劍訣」이다. 우선 이 작품을 함께 읽기로 하자.

녹두새가 울다 떠난 필사본 유사遺詞 끝에
피 묻은 발자국을 남겨두고 떠나온 밤

작품론 | 평론 2

숨어서 차라리 환한 칼의 노래 부른다

서풍 불면 꽃이 핀다 감히 누가 말 하는가
하늘이 기다리나 사람에 짓밟힌 꿈,
역천의 누명에 버텨 벼린 칼을 잡는다

사라져간 이름 불러 '시호시호' 울먹이다
허공에 휙, 치솟아 객귀客鬼의 목을 치면
달빛도 제 혀 깨물어 하얀 피가 낭자하다

세상은 일체 정적, 숨소리도 끊어진 뒤
벗어둔 옷을 입듯 산허리가 드러나고
발 부은 새벽물소리 그예 길을 떠난다
―「검결」 전문

"광장을 닫으려면 자유도 함께 닫아라"(「광장에서」)라는 구절이 대변하듯, 제1부의 시 세계에서는 대체로 사회적·정치적 메시지가 강하게 감지되는데, 민병도의 「검결」은 바로 이런 작품 가운데 하나다. 하지만 "검결"이라니? 시인 자신이 설명하듯, 이는 "동학의 창시자 수운 최제우가 지은 『용담유사龍潭遺詞』의 마지막에 나오는 가사"의 제목으로, 이를 우리말로 풀이하면 '칼 노래' 또는 '칼의 노래'다. 민병도의 시집 『칼의 노래』의 표제는 여기서 나온 것이다. 동학 연구의 대표적인 학자로 알려진 윤석산의 『용담유사 연구』에 의하면, 수운이 득도한 직후인 1860년 창작한 「검결」은 "동학이 지향하는 '시천주侍天主 정신'과 그 고양 상태 또는 동학이 지향하는 후천개벽後天開闢의 새로운 세상을 맞이하고자 하는 정신적인 희열을 상징적으로 노래한 작품"(221면)이다. 아울러, "제천 등 종교적 의식의 장"에서 목검을 들고 추는 춤—즉, 검무劍舞—을 위한 노래가 다름 아닌 수운의 「검결」이다. 하지만 이는 수운의 처형에 직접적인 빌미가 되기도 했는데, "수운을 문초하고 처형한 경상감사 서헌순(徐憲淳, 1801-1868)이 올린 장계"에는 "다른 사안보다도 [중략] 「검결」과 '칼춤'이 언급되어" 있었다 한다(221면). 무엇이 문제가 되었던 것일까. 서헌순은 「검결」과 '칼춤'을 문제 삼아 수운과 동학도들을 "태평한 시대에 반란을 도모하려 한 취당聚黨으로 결론"(222면)을 내리고, 이에 따라 수운을 처형했다는 것이다. 즉, 칼을 들어 세상 변혁을 도모하자는 내용이 문제되었다.

민병도의 「검결」은 이 같은 역사적 배경을 지닌 수운의 「검결」에 대한 이해를 바탕으로 하여 창작된 작품이다. 우선 시의 전체적인 구조로 볼 때 기起에 해당하는 첫째 수에서 시인은 수운이 이를 노래하는 상황을 상상한다. 수운은 1860년 음력 4월 득도를 체험하고 「검결」을 짓는 등 동학의 기틀을 잡은 후에 포교 활동을 이어가다가, 1861년 음력 11월 관아의 명에 따라 포교 활동을 중지하고 전라도 남원의 은적암으로 피신한다. "녹두새가 울다 떠난"이라든가 "피 묻은 발자국을 남겨두고 떠나온 밤"이라는 구절은 이 같은 정황을 지시하는데, 이때의 "녹두새"는 동학의 교리를 전파하는 동학교도를 암시하는 것이고 "피 묻은 발자국"은 환난 속의 동학을 암시하는 것이리라. 여기서 우리가 주목해야 할 것은, 시대의 어둠을 암시하는 "밤"과 이 어둠 속에 빛나는 "한한 칼"을 병치시켜 놓음으로써, 시인은 첫째 수 자체에 시각적 긴장감을 조성하고 있다는 점이다. 명암의 차이를 극명하게 드러내는 흑과 백이라는 두 색채 사이의 병치에서 한 걸음 더 나아가, "피"가 지시하는 또 하나의 색채를 제시함으로써, 시인은 적과 흑, 적과 백 사이의 긴장감까지 조성하고 있다. 어디 그뿐이랴. "녹두새"의 녹색을 첨가하여, 시인은 첫째 수 자체에 하나의 생생한 회화적 분위기를 연출하고 있다.

 시의 전체적 구조로 볼 때 승承에 해당하는 둘째 수에서 시인은 「검결」에 담긴 수운의 의지를 드러낸다. "서풍 불면 꽃이 핀다 감히 누가 말 하는가"라는 수사적 물음은 서학에 대한 사람들의 희망이 헛된 것임을 암시하기 위한 것이리라. 이어서 "하늘이 기다리나 사람에 짓밟힌 꿈"은 곧 동학이 꿈꾸는 이상 사회에 대한 염원을 암시하는 것일 수 있다. 하지만 꿈을 짓밟는 "사람"들은 동학에 "역천의 누명"을 씌운다. 그럼에도 불구하고 꿈을 버릴 수는 없는 일 아닌가. 수운의 굳은 의지를 암시하는 것이 바로 "역천의 누명에 버텨 벼린 칼을 잡는다"라는 구절일 것이다. 이 둘째 수에서도 여전히 이미지들 사이의 대비가 시를 지배하고 있거니와, 무엇보다도 주목해야 할 것은 "하늘"과 "사람" 사이의 대비다. 사실 '하늘이 곧 사람이고 사람이 곧 하늘'이라는 뜻의 '인내천人乃天'이 동학의 근본 사상이라는 점을 감안한다면, 하늘과 사람을 대비 관계에서 이해함은 가당치 않은 것일 수도 있다. 하지만 동학의 이 같은 교리를 적대시하고 하늘을 거스르는 이들이 있으니, 이들은 곧 여기서 말하는 "꿈"을 짓밟는 사람들이다. 그런 관점에서 볼 때, 이들은 여전히 하늘과 대비되는 존재다. 시인은 양자 사이의 대비 관계를 '기다리다'와 '짓밟다'라는 동사를 동원하여 형상화하고 있기도 하다. 한편, 시 안에 명시되어 있지는 않지만, 우리는 '서풍'에 대비되는 '동풍'을 상정할 수 있다. 이로 인해, 서학과 동학 사이의 대비가 둘째 수에서 또 하나의 긴장 요인으로 작용한다. 뿐만 아니라, 역천逆天은 순천順天과 대비되는 개념으로, 이 또한 둘째 수에 시적 긴장의 분위기를 조성하는 요인이기도 하다. "역천의 누명"에도 불구하고 이에 버텨 "벼린 칼"을 잡음은 곧 수운에게 순천에 대한 확신이 있었기 때문이리라.

전轉에 해당하는 셋째 수에 이르러 시인은 이제 검무의 현장에 눈길을 준다. 수운의 「검결」은 "시호時乎, 시호, 이 내 시호, 부재래지시호不再來之時乎로다"로 시작되는데, 이는 "때가 왔네, 때가 왔네, 나에게 때가 왔네, 다시는 오지 못할 때가 왔도다"로 번역될 수 있다. 셋째 수가 "시호시호"로 시작됨은 시인의 상상 속 수운이 머무는 공간에서 이제 바야흐로 검무가 시작되었음을 암시한다. 이어서, 비록 의식儀式의 한 과정을 통해서이긴 하나, 수운은 "벼린 칼"을 "허공에 휙" 치솟아 휘둘러 "객귀의 목"을 친다. 수운의 몸짓은 이방異邦의 귀신―즉, 서학―에 대항하고 이의 침범을 막아내고자 하는 동학의 의지를 제식화祭式化한 것이다. 수운이 이처럼 칼춤을 추는 과정에 실제로 사용했던 것은 '목검'이지만, 시인의 상상 속에 이는 서슬이 퍼런 "벼린 칼"로 존재한다. 이 칼로 "객귀의 목"을 치자, "달빛도 제 혀 깨물어 하얀 피가 낭자하다." 이때의 "하얀 피"는 칼이 "달빛"에 번쩍이며 재빠르게 움직일 때의 심광을 지시하는 것이리라. 하지만 "달빛도 제 혀 깨묾"다니? 이 말이 의미하는 바는 무엇일까. 이는 물론 달빛조차 수운의 결의에 공감하여 수운이 추는 칼춤의 무대에 또 하나의 연기자로 참여하고 있음을, "제 혀 깨물어 하얀 피"를 흘림으로써 무대 위 수운의 연기를 더욱 극적劇的인 것으로 만들고 있음을 암시하는 말일 수 있다. 또는 달빛이 수운과 '하나'가 되어 칼춤의 무대를 이끌어가고 있음을 암시하는 말일 수 있다. 아무튼, 달빛과 수운이 '하나'가 되어 무대 위 연기를 이끌고 있다는 관점에서 보면, 달빛은 곧 수운의 '또 다른 자아'(alter ego)일 수도 있으리라. 그런 관점에서 보면, "하얀 피"는 "객귀"의 피일 수도 있지만, 자신의 칼춤으로 인해 결국 수운이 흘려야만 했던 피를 암시하는 것일 수도 있으리라. 앞서 살폈듯, 수운과 동학교도들에게 "태평한 시대에 반란을 도모하려 한 취당聚黨"이라는 혐의를 씌워졌다. 그리하여 수운에게 참수형이 내려져 그는 형장의 이슬로 사라졌다. 이 셋째 수의 종장에서 이처럼 형장의 이슬로 사라진 수운의 모습을 떠올린다면 지나친 것일까. 우리가 이처럼 무리한 이해를 시도하는 이유는 무엇인가. 앞서 논의했듯, 이는 칼춤으로 인해 결국에는 수운이 맞이해야 했던 참수의 운명을 겹쳐 읽을 수도 있기 때문이다. 하지만 이와 동시에 우리는 이차돈의 순교를 떠올리지 않을 수 없거니와, 전설에 의하면 순교자 이차돈이 처형을 당하는 순간 그의 목에서 "하얀 피"가 솟구쳤다 하지 않는가. "하얀 피"를 흘린 "달빛"에서 우리가 수운의 모습을 읽고자 함은 이 때문이기도 하다.

　달빛 아래 검무를 추는 수운의 모습을 재현한 셋째 수 역시 강렬한 회화적 분위기를 연출하고 있거니와, 시인은 이를 거쳐 마침내 결結에 해당하는 넷째 수로 우리를 이끈다. 여기서 시인은 검무의 "숨소리"가 "끊어진" 이후 "일체 정적"이 "세상"을 지배하고 있는 정황에 마음의 눈길을 준다. 바로 이 넷째 수에서도 시각적 이미지가 시의 분위기를 지배하고 있는데, 우리는 이를 특히 중장에서 확인할 수 있다. "벗어둔 옷을 입듯 산허리가 드러나고"에서 우리는 밤이 가고 새벽이 오자 숲으로 감싸인 산허리가 다시 제 모습을 찾고 있음을 확인할 수 있다. 아니, 넷째 수에서 확인되는 것은 시각적 이미지만이 아니다. 종장에서 감지되는 것은 바로 청각적 이미지 아닌가. 문제는 "발 부은 새벽 물소리 그예 길을 떠난다"라는 구절이 의미하는 바다. 추측건대, 발이 부을 정도로 쉬지 않고 흐르던 물마저 멈춰 서서 이를 지켜볼 만큼 수운의 노래와 칼춤은 대단한 것이었음을 암시하는 것일 수도 있고, 쉬지 않고 흐르며 물이 내던 소리를 듣지 못할 정도로 주변의 사람들이 수운의 노래와 칼춤에 심취해 있었음을 암시하는 것일 수도 있으리라.

　이처럼 수운의 제례 의식을 담고 있는 이 시가 전체적으로 의미하는 바는 무엇일까. 또한 시인이 역사의 한 순간을 이처럼 시로 형상화하는 이유는 무엇일까. 무엇보다 시인은 수운의 「검결」에 담긴 시대 정신이 우리 시대에도 요구됨을 말하고자 한 것이리라. 다시 말해, 이는 우리 시대가 처한 정치적·역사적 현실에 대한 비판적 시선을 드러내기 위한 것일 수 있다. 아마도 이 같은 우리의 이해를 뒷받침하는 작품 가

작품론 | 평론 2

운데 하나가 앞서 잠깐 언급한 「광장에서」일 것이다. 아울러, 시인 민병도의 「검결」은 문화적으로 혼란스러운 우리 시대의 예술가가 추구해야 할 "꿈" 또는 가치나 이상이 무엇인지에 대한 시인 자신의 신념을 드러내는 작품일 수도 있다. 이와 관련하여, 민병도는 시조 시인인 동시에 한국화 화가라는 점을 주목해야 할 것이다. 그는 최근 자신이 발간한 화집 『미술세계 작가상 민병도』(2014, 미술세계사)의 「작가의 말」을 통해 "이번 화집 정리를 계기로 앞으로는 보다 더 한국화만의 정체성에 집중하고 싶다"고, "강요된 서양 미학의 논리에서 벗어나 모필과 한지와 먹을 중심으로 전래의 색채 기법과 만나는 새로운 질서와 미학에 관심을 집중하고 싶다"고 밝히고 있거니와, 이는 단순히 미술 분야뿐만 아니라 문학 분야와 관련해서도 시인이 지향하는 "꿈"이 무엇인지를 드러내는 말이리라. 문학 분야에서 시인이 지향하는 "꿈"은 물론 시조의 부흥이다. 한국화든 시조든 한국의 전통적 문화에 대한 시인의 "꿈"에 대한 우리의 이 같은 이해를 뒷받침하는 또 하나의 작품을 들자면, "이제 먼동 트면 오랑캐를 몰아내고 / 내 뜨거운 피를 뿌린 조선의 흙이 되리라 / 끊어져 되돌아오는 맥박을 꽉, 잡는다"로 끝나는 「면암勉庵, 도끼를 지다」일 것이다.

2-2. 사색의 노래와 관조의 노래

화집에 담긴 「작가의 말」에서 언급한 "모필과 한지와 먹"은 아마도 한국화 화가로서의 시인 민병도가 무엇보다 소중하게 여길 법한 품목들이리라. 시집의 "제2부 먹을 갈다보면"에 소제목을 제공한 작품 「먹을 갈다보면」에서 우리는 "모필과 한지와 먹"을 준비해 놓고 는 먼저 먹을 갈고 있는 시인과 만날 수 있다. 한국화 화가에게 먹을 가는 일이란 단순히 그림을 그리기에 앞서 수행하는 준비 작업에 불과한 것만은 아니리라. 이는 마음을 가다듬고 생각을 정리하는 일종의 '의식儀式'에 해당하는 것이라 할 수 있다. 어찌 보면, 마음속에 들끓는 온갖 화상畵像을 정리하는 과정—또는 막연하나마 의미 있는 하나의 화상을 향해 마음을 모아가는 과정—일 수 있다. 이러한 의식의 과정을 거치고 있는 시인의 마음을 담고 있는 것이 「먹을 갈다보면」이라는 작품일 것이다. 이 작품에서 특히 셋째 수가 우리의 눈길을 끈다.

> 아직은 볼 수 없고 보이지 않는 경계,
> 모습도 색도 버리고 가만히 엎드리지만
> 어찌나 눈이 부신지 묵죽墨竹 저리 환하다
> –「먹을 갈다보면」 제3수

"아직은 볼 수 없고 보이지 않는 경계"라니? 물론 이때의 "경계"는 대상이나 사물의 윤곽을 지시하는 표현으로, 이를 "볼 수 없고 보이지 않는[다]" 말함은 예술적 형상화의 작업이 아직 이루어지지 않았음을 암시하는 것이리라. 그런 상황에서 화가 민병도의 눈에 들어오는 것은 다만 그의 손길을 따라 갈리고 있는 먹물뿐이다. 하지만 그것이 어찌 단순한 먹물이겠는가. 먹물은 "모습도 색도 버리고 가만히 엎드리"

작품론 | 평론 2

고 있지 않은가. 화가는 먹물에 혼魂을 부여하고 있는 것이다. 마치 조각가가 하나의 돌덩이에 생명을 부여하듯. 이윽고 조각가가 눈앞의 돌덩이를 응시하는 가운데 그 안에 숨어 있는 무언가의 형상을 예기적(豫期的, proleptic)으로 감지하듯, 화가는 갈고 있는 먹물에서 "어찌나 눈이 부신지" 모를 "환"한 "묵죽"을 본다. 추측건대, 화가가 마음속에 담고 있던 죽竹의 형상이 먹물을 매개로 하여 구체화하고 있는 것이리라. 아니, 이렇게 생각할 수도 있겠다. 갈리고 있는 먹물에서 불현듯 죽의 형상이 떠올라 화가의 마음을 사로잡은 것일 수도 있으리라. 어떤 경우든, 한국화의 '한국화다움'은 이처럼 먹을 가는 예비 절차―즉, 소중하고 경건한 의식과도 같은 절차―가 있기 때문에 가능한 것 아닐까.

요컨대, 「먹을 갈다보면」은 일상의 삶에서 잠깐 비켜서서 사색思索에 잠겨 있는 시인의 모습을 감지케 하는 작품이다. 이때 시인을 사색으로 이끄는 것은 물론 먹을 가는 일 또는 갈고 있는 먹이다. 어찌 보면, '사색의 노래'로 규정될 수 있는 제2부의 작품에서 우리가 일별할 수 있는 것은 이처럼 무언가를 매개로 하여 사색에 잠기는 시인의 모습이다. 예컨대, 「소를 찾아서」에서는 "늙은 소"를, 「운주사의 와불」에서는 "아무 말 하지 않고 드러" 누워 있는 "와불"을, 「니르바나」에서는 "느낌표"와도 같은 "북어"를, 「시간의 집」에서는 "잔해로" 만나는 "시간"을, 「줄」에서는 "우리 집 늙은 개"를 묶어 놓는 "줄"을, 「숲을 보고 산을 말한 적 있다」에서는 "빽빽한 숲"을 매개로 하여 시인은 사색을 이어간다. 이 같은 사색의 기록들 가운데 어느 하나 소중하지 않은 것이 없지만, 특히 우리가 무엇보다 주목해야 할 작품은 「숲을 보고 산을 말한 적 있다」일 것이다.

곱게 입은 옷을 보고 아름답다 말해버리듯

흐르는 물을 보고 강이라 말해버리듯

빽빽한
숲을 보면서
산이라
말한 적 있다
—「숲을 보고 산을 말한 적 있다」 전문

'무언가를 보고 무엇이라 말하는 것'은 생각과 판단을 드러내는 행위다. 즉, 사람들은 생각하고 판단한 바에 따라 무언가를 보고 무엇이라 말한다. 하지만 이 작품의 초장과 중장에 해당하는 "곱게 입은 옷을 보고 아름답다 말해버리듯"과 "흐르는 물을 보고 강이라 말해버리듯"이라는 구절에는 이러한 논리가 있는 그대로 적용될 수 없는데, 여기서는 '버리다'라는 보조동사가 사용되고 있기 때문이다. 명백히, '말해버리듯'이라는 표현과 '말하듯' 또는 '말했듯'이라는 표현 사이에는 의미상의 차이가 존재한다. 국립 국어원의 인터넷 사전에 의하면, '버리다'라는 보조동사는 "앞말이 나타내는 행동이 이미 끝났음을 나타내

작품론 | 평론 2

는 말"로, "그 행동이 이루어진 결과, 말하는 이가 아쉬운 감정을 갖게 되었거나 또는 반대로 부담을 덜게 되었음을 나타낼 때 쓴다." 이 시의 초장과 중장에서 짚이는 것은 '부담감'보다는 '아쉬움'의 감정으로, 이는 사전의 정의처럼 말하는 행위가 이미 이루어졌기 때문이 아니다. 아쉬움의 감정이 짚이는 것은 무엇보다 별다른 생각과 판단이 없이 입에서 나오는 대로 쉽고 편하게 말하거나 말했기 때문일 수 있으리라. 다시 말해, 깊은 생각과 판단이 없이 또는 생각과 판단을 하되 깊이 생각하거나 판단하지 않은 채 무언가를 보고 무엇이라 서둘러 말하거나 말했기 때문일 수 있다. 또는 생각과 판단을 하지만 그 내용이 아직 구체화되지 않은 상태에서 무언가를 보고 무엇이라 말하거나 말했기 때문일 수도 있다.

시인이 '버리다'라는 보조동사를 사용함으로써 이처럼 의미 해독을 어렵게 만드는 이유는 무엇일까. 이는 결코 시조의 율격을 지키기 위한 것이 아니리라. 그렇다면 그 이유는 무엇일까. 이와 관련하여, 우리는 "곱게 입은 옷"이나 "흐르는 물"은 대상의 일부 또는 두드러진 특성을 지시하는 것에 불과한 것일 뿐 대상 자체를 지시하는 것이 아님을 주목해야 할 것이다.

우선 "곱게 입은 옷"을 문제 삼기로 하자. 누군가가 옷을 곱게 차려입었을 때 우리는 이를 보고 '참 아름다우네'라든가 '옷이 참 아름다우네'라는 표현을 사용한다. 만일 '옷이 참 아름다우네'라 말하면, 이는 그런 옷을 차려입은 사람에 대한 평가는 따로 하지 않겠다는 뜻을 암시할 수도 있다. 심한 경우, 옷을 차려입은 사람은 아름답지 않다는 뜻의 '옷은 참 아름다우네'라는 언사言辭까지 포함할 수도 있다. 따라서 우리는 '참 아름다우네'라고 말하는 쪽을 택할 때가 많다. 부분(옷)과 전체(옷으로 몸을 단장한 사람)의 경계가 막연해지는 이 같은 표현은 난처해질 수도 있는 상황을 모면하기 위해 즉흥적으로 하는 돌려 말하기일 수도 있지만, 이 자체가 대상에 대한 생각과 판단을 적당한 선에서 얼버무리기 위한 것일 수도 있다. 아마도 대상에 대한 엄밀한 미적 판단을 요구하는 작업인 그림 그리기를 자신의 천직 가운데 하나로 삼고 있는 시인이자 화가 민병도에게 이는 결코 쉽게 간과해 버릴 성질의 상황은 아닐 것이다.

이어서 "흐르는 물"을 문제 삼자. 흐르는 물은 세상 어디서나 목격된다. 비가 오면 어디론가 흘러가는 빗물도 흐르는 물이고, 논둑의 터진 곳을 지나는 논물도 흐르는 물이다. 심지어 수도꼭지에서 나와 하수구로 향하는 수돗물도 흐르는 물이다. 바닷가의 개펄에 형성된 골을 따라 밀려오거나 빠져나가는 바닷물도 흐르는 물이다. 물론 강물도 흐르는 물이다. 하지만 흐르는 물이 곧 강은 아니다. 그런 의미에서 본다면, 흐르는 물을 보고 이를 강이라 말함은 논리상의 오류다. 뿐만 아니라, '빛나는 것은 곧 금金이나 태양'이라 '말해 버리는 것'과 다름없는 종류의 언어 행위—즉, 생각과 판단이 없이 또는 쉽게 생각하고 판단하고는 상투적인 말을 기계적으로 입 밖으로 내뱉는 행위—에 불과한 것이다. 즉, '생각과 판단의 상투화'를 드러내는 것이기도 하다. 따지고 보면, 인간의 일상적 언어 행위를 지배하는 것이 바로 이 같은 종류의 '생각과 판단의 상투화' 아닌가. 어찌 보면, 시를 창작하는 일이란 이러한 '생각과 판단의 상투화'에 저항하여 말을 '일신一新하는 언어 행위' 또는 '언어를 새롭고 생소한 것으로 전복顚覆하는 행위'이라. 사정이 그러하다면, 시 쓰기를 자신에게 주어진 또 하나의 천직으로 삼고 있는 시인 민병도에게 '생각과 판단의 상투화'가 어찌 시적 사색의 소재가 되지 않을 수 있겠는가.

이처럼 시인은 "곱게 입은 옷"이나 "흐르는 물"을 화두로 삼아 시적 사색을 이어가고 있다. 문제는 종장에 해당하는 "빽빽한 / 숲을 보면서 / 산이라 / 말한 적 있다"라는 구절을 어떻게 이해해야 할 것인가에 있다. 앞서 암시했듯, 빽빽한 숲은 산의 한 속성일 뿐 그 자체가 산은 아니다. 빽빽한 숲은 산뿐만 아니라 들에도 있을 수 있고 강가나 바닷가에도 있을 수 있으며, 경우에 따라서는 인간의 거주 영역 한가운데에도 있을 수 있다. 또한 모든 산이 빽빽한 숲으로 이루어져 있는 것은 아니다. 숲이 없는 민둥산이나 돌산도 있으며, 만년설로 뒤덮인 설산도 있을 수 있다. 그럼에도 불구하고, 산을 그림이나 시의 소재로 삼을 때 적지 않은 화가들과 시인들이 으레 빽빽한 숲이란 으레 산에 있는 것으로 쉽게 생각하거나 판단하지는 않는지? 아울러, 산이란 으레 빽빽한 숲으로 뒤덮인 것으로 생각하거나 묘사하고 있지는 않은지? 추측건대, 시인 민병도가 지금 눈길을 주고 있는 것은 "빽빽한 숲"이리라. 그런 숲을 바라보며 그는 화가로서든 시인으로서든 자신이 범하는 섣부른 일반화 또는 기계적인 상투화에 대한 반성 또는 사색의 기회를 갖고 있는 것이리라.

일상의 삶으로부터 한 걸음 물러서서 사색의 시간을 갖는 시인의 모습을 상상케 하는 것이 제2부라면, "제3부 두물머리"에서 우리가 떠올릴 수 있는 것은 자연의 사물과 풍광을 향해 관조의 눈길을 던지고 있는 시인의 모습이다. 그런 의미에서 제3부는 '관조의 시 세계'로 요약할 수 있거니와, 시인이 관조의 눈길을 주는 대상이 자연의 사물이든 풍광이든 여기서 우리가 감지하는 것은 다름 아닌 생생한 회화적 이미지들이다. 즉, 시적 소재가 "미루나무"든, "두물머리"든, "홍련"이든, "달팽이"든, "개나리"든, "안개"든, "길"이든, "별똥별"이든, "파도"든, "청개구리"든, 또는 그 밖에 무엇이든, 제3부에서 시인이 펼쳐 보이는 시 세계는 '언어로 된 그림'으로 요약될 수 있을 것이다. 이 같은 경향을 어느 예보다 선명하게 보여 주는 작품이 있다면, 이는 바로 「안개」다.

새벽부터 스멀스멀 안개가 숲을 먹는다
오래 굶은 짐승처럼 산을 통째 먹는다
길 없는 길을 걸어와 마을마저 삼킨다

하지만 삼키지 못한 맑은 물소리 앞에
함부로 빼앗은 들과 길을 도로 뱉어놓고
깃발도 꽂지 못한 채 점령지를 철수한다
―「안개」 전문

위의 시는 가히 두 폭으로 이루어진 한국화에 비견될 수 있다. 첫째 폭의 그림이 새벽녘의 안개에 세상이 가려지는 정경을 담고 있다면, 둘째 폭의 그림은 안개가 걷히고 세상이 원래의 모습을 되찾는 정경을 담고 있다 할 수 있다. 하지만 시는 결코 그림과 동일한 것일 수 없으니, 선과 색채로 이루어진 그림이란 본질적으로 시간이 정지된 어느 한순간을 형상화하기 위한 것이기 때문이다. 하지만 이와는 달리 언어를 매체로 하는 시는 언어의 시간적 역동성을 반영한다. 심지어 안개와 같이 지극히 정적인 자연 현상을 시화한 위의 시에서도 우리는 이 같은 역동성을 느낄 수 있는데, 이는 물론 '먹다'와 '삼키다' 또는 '뱉다'와 '철수하다'와 같은 동사의 도움 때문이다. 어찌 보면, 첫째 수의 '굶다'와 '걷다' 및 둘째 수의 '빼앗다'와 '꽂다'와 같은 동사도 '언어로 된 그림'의 역동성을 효과적으로 살린다. 심지어 '스멀스멀'과 같은 부사도 시적 이미지의 역동성을 강화하는 데 나름의 역할을 한다. 물론, 루벤스(Rubens)의 「레우키포스의 딸들의 능욕」이나 고흐(Gogh)의 「별이 빛나는 밤」이 보여 주듯, 더할 수 없이 강렬한 역동성을 감지케 하는 그림이 없는 것은 아니다. 하지만 어찌 역동성의 면에서 시가 그림에 대적할 수 있겠는가. 한국화 화가인 민병도가 시조를 포기할 수 없음은 바로 이 때문 아닐까.

「안개」의 첫째 수는 "새벽부터 스멀스멀 안개가 숲을 먹는" 정경을 시화한 것이다. 시인은 이를 "오래 굶은 짐승처럼 산을 통째 먹는" 것으로 묘사하고 있거니와, 숲으로 둘러싸인 산을 감싸는 안개를 굶주린 상태에서 먹이를 통째로 집어삼키는 짐승에 비유하고 있다. 이 같은 비유를 통해 시인은 안개가 '순식간에' 산을 감싸는 정경을 더할 수 없

작품론 | 장경렬

이 생생하게 시각화한다. 하지만 시인의 비유는 이 선에서 끝나지 않는데, 안개를 "길 없는 길을 걸어" 마을로 향하는 짐승으로 묘사함으로써 잠재적인 비유의 힘을 더욱 강화한다. "길 없는 길을 걸어" 마을로 향하는 안개라니! 여기서 광포한 짐승과도 같은 안개의 걷잡을 수 없는 힘이 감지되지 않는가. "산을 통째 먹는" 것에서 만족하지 않고 "마을마저 삼"키는 안개—바로 이 같은 안개를 굶주려 광포해진 짐승에 비유하고 있는 것에서 우리는 시인의 절묘한 시적 상상력을 일별하지 않을 수 없다.

둘째 수에 이르러서도 시인은 비유의 일관성을 여일하게 유지한다. 다시 말해, 시인은 여전이 안개를 짐승에 빗대어 동적인 시각화를 도모한다. 안개가 "함부로 빼앗은 들과 길을 도로 뱉어놓는다"니! 여기서 감지되는 비유의 일관성은 「안개」의 첫째 수와 둘째 수를 유기적으로 연결하는 역할을 한다. 아무튼, 문제는 안개가 "삼키지 못한 맑은 물소리 앞에" '삼킨 것을 도로 뱉어놓는다'라는 둘째 수의 초장과 중장에 담긴 시적 진술을 어떻게 이해해야 할 것인가에 있다. 논란의 여지가 있을 수 있겠지만, 이는 맑은 물소리에 '굴복하여' 안개가 뒤로 물러서는 것으로 이해할 수 있지 않을까. 안개가 물소리에 굴복하다니? 이 말이 의미하는 바는 무엇일까. 이는 물론 온 세상이 안개에 갇혀 있더라도 산골짜기의 흐르는 시냇물의 소리만큼은 또렷하게 들리는 정황을 암시하는 것일 수 있다. 청각은 시각의 지배를 받지 않기 때문이다. 하지만 이것으로 전부일까.

우리가 이 같은 의문을 갖는 이유는 둘째 수의 종장에 이르러 비유의 일관성이 깨지고 있기 때문이다. 즉, 이 부분에 이르러 이제까지 유지되던 비유적 이미지는 '짐승'에서 '인간'으로 바뀐다. 이와 관련하여, '깃발을 꽂다'나 '점령지를 철수하다'는 말은 인간에게 적용되는 표현이지 짐승에게 적용될 수 있는 것이 아니라는 점에 유의하기 바란다. 시인이 중장까지 유지하던 비유의 일관성을 이처럼 종장에서 깨는 이유는 무엇일까. 혹시 시인이 자기도 모르게 실수를 범한 것 아닐까. 만일 우리가 그와 같은 혐의에 쉽게 굴복할 수 없다면, 그 근거는 무엇일까. 무엇보다 이는 의식적인 것이든 무의식적인 것이든 시인의 시적 기도企圖를 반영한 것으로 볼 수 있기 때문이다. 즉, 비유적 이미지가 '짐승'에서 '인간'으로 바뀐 것은 실수에 따른 시적 이미지의 '불일치'로 보아서는 안 된다. 이는 오히려 시적 이미지의 '확장'을 통해 시 자체에 대한 중의적重義的인 이해를 이끌기 위한 시인의 의식적인 또는 무의식적인 시적 기도로 보아야 할 것이다.

우리가 이 같은 주장을 펴는 것은 이제까지 유지되었던 '짐승'의 이미지에 변화를 유도하는 것이 둘째 수의 종장일 수 있다는 판단에 따른 것이다. 즉, 둘째 수의 종장으로 인해, 앞서 제시된 '짐승'의 이미지는 단순히 '짐승'의 이미지에 머물지 않고 '짐승과도 같은 인간'의 이미지로 바뀐다. 어찌 보면, 안개를 단순히 '짐승'의 이미지로 읽기보다는 한걸음 더 나아가 '인간'—그것도 '짐승과 같은 인간'—의 이미지로 다시 읽도록 독자를 유도하는 것이 둘째 수의 종장이라 할 수 있다.

이에 따라, "안개"가 "산"을 먹고 "마을"을 삼킨다는 시적 진술뿐만 아니라 "삼키지 못한 맑은 물소리"라는 시적 진술에 대한 해석의 지평

까지 넓어진다. 우선 "안개"가 "산"을 먹고 "마을"을 삼킨다는 시적 진술은 단순히 자연 현상을 지시하는 것만이 아니라 현세적인 인간사에 대한 우의(寓意, allegory)로 읽을 수도 있게 된다. 예컨대, 이 시의 "안개"는 우리의 시야를 흐리게 하고 앞을 가로막는 이 시대의 탐욕스럽고 의롭지 못한 인간—즉, '짐승 같은 인간'—에 대한 우의일 수 있다. 그런 시각에서 본다면, "삼키지 못한 맑은 물소리"는 광포하고 굶주린 짐승과도 같은 인간이라 해도 끝내 집어삼키지 못하는 그 무엇에 대한 우의로 읽힐 수 있다. 예컨대, 이 시의 "맑은 물"은 인간의 미덕, 선의, 사랑, 양심과 같은 근원적인 선善에 대한 우의일 수 있다. 아니, 이렇게 생각할 수도 있겠다. "삼키지 못한 맑은 물소리"는 짐승과도 같은 정치적·사회적 억압자에게 끝내 굴복하지 않는 민중의 함성에 대한 우의일 수도 있지 않을까.

이 같은 우리의 시 읽기가 과도하다 느끼는 사람이 있다면, 시조란 원래 초월적인 자연을 노래하기 위한 것이 아니라 현세적인 인간 세계를 노래하기 위한 문학 장르라는 점에 유의하기 바란다. 즉, 시조란 초월적 상징의 세계에 대비되는 현세적 우의의 세계를 지향하는 문학 장르라는 주장은 결코 근거 없는 것이 아님에 유의해야 한다. 전통적인 시조를 살펴보면, 자연을 노래한 탁월한 시조 가운데 어느 것을 보더라도, 일찍이 김윤식 교수가 말했듯, "순연히 자연을 그린 게 거의 없다"는 점도 잊지 말아야 한다. 우리가 「안개」를 단순한 자연에 대한 관조의 노래로 받아들이는 선에서 벗어나 이해의 지평을 넓히고자 함은 이 때문이다. 그리고 이 같은 지평 넓히기가 전혀 근거 없는 것이 아님은 비유의 일관성이 깨지는 것을 단순한 실수가 아니라 비유적 의미의 강화로 이해할 수 있기 때문이다. 거듭 말하지만, 여기서 우리가 추적하고 있는 시적 기도는 물론 시인의 의식적인 것이 아니라 무의식적인 것일 수도 있다. 그리고 이 같은 무의식적인 시적 기도를 가능케 하거나 이를 읽도록 우리를 유도하는 것이 있다면, 이는 다름 아닌 시조라는 문학 장르의 잠재력이다.

한 걸음 더 나아가, 민병도의 「안개」는 신화적 해석까지 감당할 수 있는 작품이거니와, 여기서 우리는 늑대가 해나 달을 집어삼켰다가 뱉어냄에 따라 일식이나 월식이 생긴다는 중국의 전설을 떠올릴 수도 있다. 사실 무언가 상징적인 동물이 세계든 신이든 인간이든 집어삼켰다가 뱉는다는 신화적 이야기는 이 세상 곳곳에서 확인되거니와, 이런 의미에서 「안개」에 대한 이해와 해석의 가능성은 무한히 열려 있다고 할 수 있으리라.

2-3. 일상의 노래와 삶의 노래

『칼의 노래』의 "제3부 두물머리"에서 감지되는 것이 자연의 사물과 풍광을 향한 관조의 시선이라면, "제4부 성냥"에서 확인할 수 있는 것은 주변의 일상사를 향한 관찰의 시선이다. 이와 관련하여, 제4부의 시 세계에서 우리가 만나는 대상들은 대체로 일상의 삶 한가운데서 찾아볼 수 있는 것들이라는 점에 유의하기 바란다. 그리고 그것이 "성냥"이든, "건반"이든, "사전"이든, "비 그친 길바닥을 기어가던 지렁이"

든, "공중전화"든, "막 내린 무대"든, "속살"을 덮고 있는 "딱지"든, 자동차의 "브레이크"든, "저녁 숲"이든, "비"든, "벚꽃"이든, "수선화"든, 또는 그 밖에 무엇이든, 일상의 삶을 이루고 있는 이들 대상을 향해, 또는 이들 대상의 존재로 인해 촉발되는 상념들이나 일어나는 일들을 향해 시인이 던지는 관찰의 시선은 때로 섬세하고 때로 예민하며 때로 다감하고 때로 내밀하다. '일상의 노래'로 규정될 수 있는 제4부의 작품들 가운데 특히 우리가 주목하고자 하는 것은 「어떤 통화」다.

어둑어둑 날이 저문
운문사 공중전화

볼이 젖은 어린 스님
한 시간째 통화중이다

등 뒤엔
엿듣고 있던
별 하나가 글썽글썽
—「어떤 통화」 전문

시조 시단의 일반적 경향에 비춰 볼 때 「어떤 통화」는 예외적인 작품이라 하지 않을 수 없다. 무엇보다 이 작품에서 감지되는 단아하고 아기자기한 시적 분위기는 요즈음 시조 시단의 작품에서 좀처럼 찾아보

작품론 | 평론 2

기 쉽지 않다는 점에서 그러하다. 물론 이 같은 시적 분위기의 작품이 시조 시단에 아주 없는 것은 아니다. 이를테면, 이영도의 「단란」과 같은 빼어난 작품이 있지 않은가. "아이는 글을 읽고 / 나는 수繡를 놓고 // 심지 돋우고 / 이마를 맞대이면 // 어둠도 / 고운 애정에 / 삼가한 듯 둘렀다." 민병도가 이영도의 추천으로 시조 시단에 나왔다는 점에서 보면, 「어떤 통화」에서 감지되는 시적 분위기는 결코 우연한 것이라 할 수 없으리라. 아무튼, 이 시에서는 단아하고 아기자기한 분위기뿐만 아니라 동화적인 분위기까지 짙다. 우리는 '동화적'이라는 말을 중의적重義的으로 사용하고자 하는데, 「어떤 통화」에서는 '동화적童話的인 분위기'뿐만 아니라 '동화적童畵的인 분위기'까지 감지되기 때문이다. 다시 말해, 이 시에서는 순진무구한 어린아이의 삶이 담긴 이야기의 분위기뿐만 아니라 맑은 어린아이의 모습이 담긴 그림의 분위기까지 읽힌다.

추측건대, 시인은 "운문사"라는 절을 찾아, 날이 저물어 어둑어둑해질 무렵까지 그 절의 경내에서 시간을 보내고 있는 것이리라. 무엇 때문에 절을 찾았는지는 모르지만, 시인은 우연히 절의 경내 한편에 있는 공중전화에 눈길을 주게 된 것이리라. 공중전화 앞에 서서 "한 시간째 통화중"인 "볼이 젖은 어린 스님" 때문이다. 만일 "어린 스님"이 통화를 일찍 끝냈거나 그의 볼이 젖어 있지 않았다면, 시인은 눈길을 주지 않았을지도 모른다. 어쩌다 눈길을 주었다 해도 그랬던 사실조차 쉽게 잊었을지도 모른다. 아무튼, "어린 스님"이 "볼이 젖은" 모습으로 "한 시간째 통화"를 하고 있는 이유는 무엇일까. 자유롭게 뛰놀아야

작품론 | 장경렬

할 어린 나이의 스님으로서는 절 생활을 감당하기가 어렵기 때문일까. 아니면, 주지 스님에게든 누구에게든 꾸지람을 들어 서럽기 때문일까. 그것도 아니라면, 같은 또래의 스님과 다투고 나서 노엽기 때문일까. 아니, 그냥 집과 가족이 그리운 것은 아닐까. "어린 스님"은 날이 저문 지금 자신의 응석을 받아줄 만한 누군가에게 눈물을 글썽인 채 하소연하고 있는 것이리라. 한편, "어린 스님"의 마음에 담긴 것이 어려움이든 서러움이든 노여움이든 그리움이든, 그와 같은 감정은 "어둑어둑 날이 저문" 때이기에 더더욱 강렬한 극적인 것이 되고 있는 것 아닐까. 이 시의 도입부가 소중함은 이처럼 시적 분위기 자체를 강화하기 때문이리라.

아마도 날이 저문 때 절의 경내에 있는 공중전화 앞을 떠날 줄 모르는 "어린 스님"의 모습은 한 폭의 동화童畵가 될 수 있으리라. 또한 "볼이 젖은"과 "한 시간째 통화중"이라는 간결한 두 마디의 말 뒤에 숨어 있는 "어린 스님"의 사연은 있는 그대로 한 편의 동화童話가 될 수도 있으리라. 이윽고 시조의 종장에 해당하는 제3연에 이르러, 시인은 앞의 두 연에서 선보인 '동화'에 화룡점정畵龍點睛의 필치를 가한다. "별 하나"가 "어린 스님"의 사연을 "엿듣고" 있다니! 여기서 아기자기한 동화童話를 완성하는 시인 민병도의 필치가 느껴지지 않는가. "별 하나"가 눈물을 "글썽글썽"이다니! 여기서 맑고 소박한 동화童畵를 완성하는 화가 민병도의 필치가 느껴지지 않는가. 실로 동화童話와 동화童畵가 공존하고 있는 단아하고도 아기자기한 시적 분위기의 「어떤 통화」는 시조의 저변을 확장하는 데 나름의 역할을 하는 작품이라 하지 않을 수 없

작품론 | 평론 2

다.

  일상의 삶을 소재로 한 제4부의 시 세계를 뒤로 하고 "제5부 자서전을 읽다"를 펼치면, 우리는 우리가 이 글을 시작하며 논의 대상으로 삼았던 「장국밥」의 정조를 다시금 떠올리게 하는 작품들과 만날 수 있다. 어떤 의미에서 보면, 제5부의 시 세계는 시인과 주변 사람들의 신산했던 과거의 삶 또는 신산한 현재의 삶에 대한 깊고 따뜻한 탐구로 요약될 수 있거니와, 이 제5부의 작품 가운데 특히 압권은 시인의 어머니와 아버지에 대한 자전적인 회상의 시들일 것이다. 이제 그와 같은 시들 가운데 한 편을 골라 함께 읽기로 하자.

    지난 여름
    짜다가 둔
    그 베틀에
    또 누가 앉나

    필 남짓 짧은 생애
    터진 실로 잣아 오신

    어머니
    목쉰 추임새,
    혀도 바싹
    말랐다

작품론 | 장경렬

—「뻐꾹새」전문

「뻐꾹새」가 담고 있는 것은 "지난 여름" 세상을 떠난 어머니를 그리워하는 시인의 마음이다. 시조의 초장에 해당하는 제1연을 읽는 과정에 우리는 베틀의 이미지를 떠올릴 수 있다. 그리고 누군가가 "짜다가 둔" 천이 그 베틀에 걸려 있는 이미지까지도 떠올릴 수 있다. 이는 실재하는 현실 속의 베틀과 천일까. 물론 그럴 수도 있겠지만, 제2연의 "짧은 생애"라는 말이 암시하듯, 시인이 눈길을 주는 것은 비유적 의미에서의 베틀과 천이리라. 즉, 제1연은 '삶의 베틀'에 앉아 '삶의 천'을 짜던 어머니의 부재不在를 아쉬워하는 시인의 마음을 드러내는 것으로 보아야 할 것이다. 제2연에 이르러, 시인은 어머니가 짜던 삶의 천이 "필 남짓"의 "짧은" 것이라는 진술을 통해 어머니의 때 이른 귀천歸天을 안타까워하는 마음을 드러낸다. 또한 짧은 삶의 천마저도 "터진 실로 잣아 오신" 것이라는 진술을 통해 어머니가 이어왔던 삶이 얼마나 어려운 것이었나를 떠올리며 이에 슬퍼하는 마음까지도 드러낸다. 제1연의 마지막을 장식하는 "그 [삶의] 베틀에 / 또 누가 앉나"라는 물음이 말하듯, 시인은 언뜻 어머니의 베틀에 누군가—아니, 어머니—가 "또" 앉다는 착시 현상에 빠져든다.

이 지점에 이르기까지 시인이 동원하고 있는 것은 시각적 이미지로, 이 시각적 이미지를 일깨우는 것은 무엇일까. 이는 시의 제목에 등장하는 "뻐꾹새"의 울음소리이리라. 뻐꾹새는 초여름에 우리나라를 찾아 한여름까지 머무는 철새로, 작년에 어머니가 세상을 떠날 때 들리던

작품론 | 평론 2

뻐꾹새의 울음소리가 다시 시인의 귀에 들렸던 것이리라. 그리고 이 뻐꾹새의 울음소리가 어머니의 입에서 흘러나오던 "목쉰 [삶의] 추임새"를 떠올리게 했던 것이리라. 아니, 이렇게 말할 수도 있겠다. 필시 시인은 뻐꾹새의 울음소리에서 어머니의 목소리를 들었던 것이리라. 하지만 "혀도 바싹 말랐다"니? 이는 "목쉰 추임새"마저 제대로 입에서 나오지 않을 만큼 어머니가 거쳐야 했던 삶이 신산한 것이었음을 암시하는 말일 수 있다. 이와 관련하여, 우리는 뻐꾹새가 되돌아오는 초여름은 그 옛날 어린 시절의 시인과 그의 어머니에게 고통스러운 보릿고개가 함께 찾아오던 시기였음을 기억해야 할 것이다.

 이 시에서 뻐꾹새의 울음소리라는 청각적 이미지는 "어머니 / 목쉰 추임새"를 통해 암시만 되고 있을 뿐 결코 명시적으로 언급되어 있지 않다. 숲속에서 울고 있는 뻐꾹새의 모습을 직접 목격하는 사람은 얼마나 될까. 일반적으로 우리는 숲속에서 들려오는 울음소리만으로 뻐꾹새가 어딘가에 있음을 가늠할 따름이다. 마치 이 시에서 뻐꾹새의 울음소리에 대한 직접적인 언급은 없지만 이 시의 어딘가에서 울리는 뻐꾹새의 울음소리를 우리가 감지하듯. 어찌 보면, 시인에게 어머니의 존재도 그러하지 않은가. 시인에게는 어머니 역시 "목쉰 추임새"로 기억 속에 있을 뿐 그의 곁에 있지 않다. 시인은 어머니가 "또" '삶의 베틀'에 앉아 있다는 착시 현상에 빠져들지만 그럼에도 불구하고 어머니는 '여기 이곳에' 없다. 이처럼 도저한 '없음' 또는 '부재'의 분위기가 시를 지배하고 있다. 이로 인해 어머니가 있지 않음으로 인해 시인이 느끼는 상실감 또는 부재감에 대한 시적 형상화는 그만큼 더 강렬한 것이 되고 있는 것 아닐까. 제5부의 작품에서 강렬한 시적 효과가 감지되는 예사롭지 않은 예는 「뻐꾹새」뿐만이 아닌데, 그 어떤 작품보다 우리가 눈길을 주고자 하는 것은 「제사」다.

    어머니, 목만 적셔
    달포를 견디시더니

    지금은 몸서리치던
    그 허기도 비우셨는지

    일 년에
    쌀밥 한 그릇,
    멍히 바라만 보네
    ―「제사」 전문

  시인이 「제사」에서 일깨우는 것은 '부재'의 분위기가 아니라 '허기'의 분위기다. 이 시의 도입부에서 시인은 세상을 떠날 무렵 어머니의 모습을 떠올린다. 그 무렵 어머니는 "목만 적셔 / 달포를 견디[셨]"다. 필시 허기에도 불구하고 식사를 제대로 할 수 없을 만큼 병이 깊었던 것이리라. 아니, "몸서리치던 / 그 허기"라는 말은 병중의 허기뿐만 아니라 살아생전 어머니가 견뎌야 했던 극심한 허기―예컨대, 앞서 읽은 「장국밥」에서 일별할 수 있는 어머니의 허기―를 떠올리게도 한다. 시

작품론 | 평론 2

조의 중장에 해당하는 제2연에서 시인은 어머니가 그런 허기마저 "지금은" "비우[신]" 것으로 상상한다. 해마다 제사 때가 되어 영정 앞에 "쌀밥 한 그릇"을 올리지만 영정 속의 어머니는 "멍히 바라만" 볼 뿐이기 때문이다. 물론 제사상에 올리는 음식이 실제로 비워질 것을 기대하는 사람은 어디에도 없을 것이다. 하지만 비워지지 않는 제사상의 "쌀밥 한 그릇"은 역설적으로 시인에게 어머니의 허기를 더욱 강렬하게 떠올리도록 한다. 사실 '허기도 비우다'라는 말 자체가 역설적 표현으로, '비워진 느낌'을 뜻하는 '허기'라는 말은 비워진 상태를 암시하기 때문이다. '비워진 상태에서 비워진 느낌마저 비우다'라는 말은 '한기에 너무 시달리다 보니 한기마저 잊다'라는 말과 마찬가지로 결핍이 극에 달해 결핍 자체를 느낄 수 없는 상태를 암시하거니와, 이 같은 역설적 표현을 통해 시인은 과거의 것이든 현재의 것이든 어머니의 허기에 안타까워하는 자신의 마음을 더할 수 없이 효과적으로 전하고 있다. 아니, 이때의 극단적인 허기는 시인이 세상을 떠난 어머니를 향해 지니고 있는 느낌일 수도 있으리라. "일 년에 / 쌀밥 한 그릇, 멍히 바라만 보"는 이는 시의 문맥상 영정 속의 어머니이지만, 그런 어머니의 모습과 어머니가 멍히 바라만 볼 뿐인 "쌀밥 한 그릇"을 또한 멍히 바라만 보는 시인의 모습이 이 시에서 겹쳐 읽히기 때문이다.

3. 논의를 마무리하며

이제까지 나는 민병도의 『칼의 노래』에서 몇몇 편의 작품을 선정하여 그 의미를 검토해 보았다. 그 결과, 시집의 제1부에서 제5부에 이르기까지 시인의 시 세계가 펼쳐 보이는 시적 스펙트럼의 폭이 상당히 넓다는 점을 확인할 수 있었다. 일테면, 제1부의 「검결」, 제2부의 「숲을 보고 산을 말한 적 있다」, 제3부의 「안개」, 제4부의 「어떤 통화」, 제5부의 「뻐꾹새」나 「제사」와 같은 작품들이 지향하는 바의 시적 정조나 의미는 서로 양립하기 쉽지 않아 보이기도 한다. 하지만 내가 보기에 그 어떤 작품도 '민병도의 작품답지 않은 것'은 없다. 도대체 이 말이 의미하는 바는 무엇인가. 무엇보다 시조의 정격正格을 고수하는 민병도의 시조 사랑을 그의 작품 세계에서 감지하지 않을 수 없다는 말이다. 이런 관점에서 본다면, 『칼의 노래』가 담고 있는 것은 시인의 시조 사랑이 짙어지는 '따뜻한 마음의 노래'들이라 할 수 있을 것이다. 이제 끝으로 시인의 마음이 깊이 감지되는 시 한 편을 제5부에서 골라 함께 읽는 것으로 논의를 마감하기로 하자.

    손에 손을 건널수록
    꼬깃꼬깃 구겨져서

    세상 잡내 다 묻힌 채
    만신창이로 돌아와도

    반갑게
    껴안아주는,

작품론 | 평론 2

껴안아서
품어주는
-「지폐」 전문

　시조의 초장에 해당하는 부분에서 우리는 "지폐"의 유통 과정과 만난다. 즉, 사람들의 손을 탈수록 지폐는 "꼬깃꼬깃 구겨"지게 마련이다. 아울러, 중장에 해당하는 부분에서 시인이 말하듯, "세상 잡내 다 묻힌 채 / 만신창이"가 되기 마련이다. 바로 이 지폐가 암시하는 바는 무엇일까. 이때의 지폐는 영욕으로 물든 현세적 삶을 살아가는 우리네 평균적인 인간의 모습 아닐까. 어찌 보면, 우리가 살아가는 삶이란 아일랜드의 시인 윌리엄 버틀러 예이츠(William Butler Yeats)가 말했듯 "눈먼 사람이 눈먼 사람들과 서로 치고받는 곳, / 개구리 알이 우글거리는 눈먼 사람의 도랑 속으로 / 거꾸로 처박히는 것"(「자아와 영혼 사이의 대화」)인지도 모른다. 그러니 어찌 우리들 인간이 "꼬깃꼬깃 구겨져서 // 세상 잡내 다 묻힌 채 / 만신창이"가 되는 "지폐"와 같은 존재가 아닐 수 있겠는가. 여기서 시인은 아마도 자신의 세속적 삶을 되돌아보는 반성의 시간을 갖고 있는지도 모른다. 그렇다면, "반갑게 / 껴안아주는, / 껴안아서 / 품어주는" 주체는 누구일까. 제5부의 작품 가운데 적지 않은 것이 시인의 부모에 관한 것이기 때문인지는 몰라도, 우리는 우선 시인의 부모를, 아니, 누구보다도 어머니를 떠올리게 된다. 하지만 어찌 그뿐이랴. 여기에는 가족의 일원인 아내도, 형제도, 자식도 포함될 수 있으리라. 뿐만 아니라, 사랑의 마음을 공유하는 시인의 친구들까지 포함될 수도 있지 않을까. 한걸음 더 나아가, 시인의 경우, 여기에는 "모필과 한지와 먹" 또는 한국화가, 그리고 무엇보다 시조가 포함될 수도 있으리라. 예술의 영역 곳곳에 이르기까지 "객귀"가 지배하고 있는 것이 우리의 현실 아닌가. 그 현실 안에서 "잡내 다 묻힌 채 / 만신창이"가 되어 "돌아와도" 시인을 "반갑게 / 껴안아주는, / 껴안아서 / 품어주는" 것은 바로 한국의 전통적 예술인 한국화와 시조일 수 있지 않겠는가!

아니, 이렇게 읽을 수도 있다. 시인이 사랑하는 가족의 구성원이나 친구들 가운데 누구든 "꼬깃꼬깃 구겨져서 // 세상 잡내 다 묻힌 채 / 만신창이로 돌아와도" 이를 "반갑게 / 껴안아주는, / 껴안아서 / 품어주는" 일을 마다하지 않겠다는 시인의 마음을 담은 것이 바로 「지폐」라는 시일 수도 있지 않을까. 나아가, 다음과 같은 시 읽기도 가능하지 않겠는가. 혹시 "꼬깃꼬깃 구겨져서 // 세상 잡내 다 묻힌 채 / 만신창이"가 되어 있는 것은 다름 아닌 서양화의 기세에 눌려 기를 못 펴는 한국화나 자유시에 밀려 천덕꾸러기가 된 시조가 아닐까. 이 같은 한국화와 시조를 "반갑게 / 껴안아주는, / 껴안아서 / 품어주는" 일을 사랑의 마음으로 이어가겠다는 시인의 따뜻한 마음까지 담고 있는 것이 「지폐」일 수 있으리라. 이처럼 사랑의 마음을 감지케 하는 것이 「장국밥」에서 시작하여 「지폐」에 이르기까지 민병도의 작품 세계라면, 어찌 이를 '따뜻한 마음의 노래'라 하지 않을 수 있겠는가.

작품론 | 평론 3

시조를 넘어서 강둑을 넘어서

―《현대시학》 2002년 10월호 "내가 읽은 이달의 작품"

이 승 하 | 시인, 중앙대학교 교수

새벽 강 / 민병도

깊디깊은 잠에 빠진 돌들아, 일어나라
소리치며 흘러가는 새벽 강이 길인 줄을
몰랐네, 유실된 삶의 빈 나루에 이를 때까지.

죽어서 눈을 뜨는 쇠북 아직 울기도 전에
어둠으로 어둠을 덮고 울음으로 울음을 묻어
별빛을 건져 올리는 무수한 저 손놀림……

보아라 세상살이란 새벽 강을 건너는 일
절망도 둑이 넘치면 슬픔처럼 다정해지고
가다가 곤두박히면 또 한 생각 철이 들리라.

그 뜨거운 몸부림도 때로는 안개였음을

몰랐네, 고요에 갇힌 갈대의 흐느낌이
문자文字가 가두지 못한 밀경密經인 줄 미처 몰랐네.
-《정신과 표현》, 2002년 9·10월호

민병도 선생님께

안녕하십니까? 문인주소록을 보았더니 선생님의 주소가 대구로 되어 있습니다. 1976년 한국일보로 등단하신 선생님의 거주지가 어디인지도 몰랐을 만큼 저에게 선생님은 생소한 이름의 시인이었습니다. 아마도 그 이유는 단 하나, 선생님이 '시인'이 아니라 '시조시인'으로 활동해오셨기 때문일 것입니다. 선생님의 시작 메모는 이렇습니다.

현대인의 정서를 담아내기에 시조라는 그릇은 너무 낡았다는 편견에 귀기울이던 때가 있었다. 이제 시조는 그 부끄러운 독단 위에 꽃을 피울 것이다.

시조에 대한 뭇 사람의 험담에 선생님의 마음이 흔들렸던 때도 있었으나 이제는 시조 쓰기에 매진할 것이라는 선생님의 비장한 각오를 피력한 시작 메모라고 여겨졌습니다.

저는 간간이 월평이며 계간평 같은 것을 청탁에 못 이겨 쓰고 있습니다. 이 편지도 월평 지면에 쓰고 있는 것입니다. 이런 유의 글을 써

작품론 | 평론 3

온 지도 어언 10년이 넘었습니다만 시조를 대상으로 평을 써보는 것은 이번이 처음입니다. 그만큼 저에게 시조라는 것은 관심 밖이었습니다. 국내에 어떤 시주시인이 있는지, 어떤 시조 전문지가 있는지, 시조 인구는 어느 정도인지, 시조에 대해 어떤 논의가 이루어지고 있는지 관심을 가져본 적이 없습니다. 당연히, 문예지에 실리는 시조는 읽지도 않았습니다. 그런데 오늘 아침 신문을 보고 착잡한 마음을 가눌 수 없던 차 선생님의 작품을 보고 몇 마디 올리고 싶어 펜을 들었습니다.

오늘(2002년 9월 7일 토요일) 아침에 받아본 〈동아일보〉 C1면에는 '이 주일의 베스트셀러/시'가 실려 있는 것이었습니다. 서울시내의 가장 큰 서점 교보문고에서 지난 한 주 동안 가장 많이 팔린 시집 순위가 매겨져 있는데 1, 2, 6위가 류시화의 시집 『지금 알고 있는 걸 그때도 알았더라면』, 『그대가 곁에 있어도 나는 그대가 그립다』, 『외눈박이 물고기의 사랑』입니다. 『지금…』은 창작 시집이 아니라 인도 선사들의 잠언과 인디언의 노래 등을 시의 형태로 옮겨 편집한 것입니다. 그럼에도 불구하고 작년도 전국 종합 베스트셀러 30위 안에 시집으로는 단 한 권 올려져 있더니만 올해도 여전히 잘 나가고 있습니다. 『그대가…』는 1991년에, 『외눈박이 물고기의 사랑』은 1996년에 나온 시집인데 지금도 여전히 베스트셀러라니 경이롭기 짝이 없습니다. 이정하 외 여러 시인이 참가한 『당신이 그리운 건 내게서 조금 떨어져 있기 때문입니다』가 3위, 이정하의 『너는 눈부시지만 나는 눈물겹다』가 7위, 같은 시인의 『한 사람을 사랑했네』가 10위입니다. 김용택의 『연애시집』이 4위,

작품론 | 이승하

정지영 엮음 『마음이 예뻐지는 시』가 5위를 마크하고 있습니다. 독자가 즐겨 읽는 시집과 정통문학권에서 인정받는 시집은 왜 이렇게 다릅니까. 문예지마다 시는 왜 싣는 것이며, 저 같은 사람이 평론은 왜 쓰는 것입니까. 독자의 사랑을 받는 시집은 이렇게 따로 있는데 말입니다.

저는 언제부터인가 류시화·이정하 같은 베스트셀러 시집을 내는 시인을 비난하지 않습니다. 질투 섞인 발언 같아서 입을 다무는 대신 이들이 낸 시집의 대중 친화력에 경이의 시선을 보내고 있지요. 11년 전에 나온 류시화의 『그대가…』가 오늘날 베스트셀러 2위를 마크하고 있으니 정말 경이로운 일 아닙니까. 저는 류시화론을 『작가세계』에 발표하면서 그의 시집이 베스트셀러가 되는 이유를 몽상적이고 비현실적인 세계관, 자연스런 리듬감 유지, 자연 친화적인 요소, 감성을 자극하는 시어의 동원 등으로 꼽아보았습니다. 물론 그 글은 류시화를 비판하기 위해 썼던 것입니다만 그런 글에 아랑곳하지 않고 그의 시집은 여전히 낙양의 지가를 올리고 있습니다. 저는 류시화를 비롯해 이정하·원태연·용혜원·이해인 등 시집을 냈다 하면 베스트셀러가 되는 시인의 공통점에 주목하고 싶습니다. 이들의 시는 시어가 쉽고, 운율이 살아 있고, 그다지 길지 않습니다. 그래서 독자가 별 부담 없이 읽을 수 있나 봅니다. 저는 이 세 가지 강점(장점이 아닙니다) 가운데 '운율'에 대해서 말하고 싶습니다.

오늘날 문예지에 발표되는 수많은 시는 운문이 아니라 산문입니다.

자유시여서 사유의 자유는 확실히 보이는데 말의 자유는 없어 보입니다. 말을 너무 많이, 그것도 주절주절 산문으로 하다 보니 읽는 제 가슴이 답답해집니다 저의 시 역시도 독자들이 얼마나 답답해하며 읽을까요? 제가 1년 동안 계간『시안』지 편집위원을 하면서 '계간 리뷰 좋은 시' 선정에 참가했는데 4명 편집위원이 이구동성으로 문예지에 실린 시 읽기가 피곤하고 짜증스럽다는 것이었습니다. 한꺼번에 수십 권의 문예지에 실린 시를 읽어야 하기 때문만은 아니었습니다. 시인이며 시 평론가들이 이렇게 말하는데 일반독자들이야 오죽하겠습니까. 시가 전혀 시답지 않아서 내용 파악하기가 미로 찾기인 경우가 많습니다. 저는 오랫동안 전통옹호론자가 아니라 전위예찬론자였습니다. 그런데 근년의 많은 시는 전위도 아니고 전통도 아닙니다. 빼어난 실험성도 없고 유장한 전통도 무시하고 그저 내면세계에 천착하여 미로를 헤매고 있는 것입니다. 시상, 상상력, 표현 가운데 무엇 하나라도 참신한 시를 읽기를 저는 기대합니다. 부끄럽게도 제가 그런 시를 못 쓰고 있으므로 이렇게 갈망하고 있는 것인지 모르겠습니다. 운문성을 상실해버린 정통문학권의 많은 시 대신 일반독자는 쉽게 와 닿는 내용과 형식, 소재와 주제, 운율과 시어의 시집을 찾아 읽고 있는 것이 아니겠습니까.

선생님의 시조 2편을 읽었습니다. 시조는 정형의 틀을 벗어나면 자유시가 되고 맙니다. 틀을 고수하면 '전근대'라는 낡은 울타리 속에 갇히고 말지요. 그래서 시조 쓰기는 시 쓰기보다 더 어려운 일이라고 생각합니다. 선생님의 2편 시조는 자수율을 지키며 쓴 작품인데 참 묘하

작품론 | 이승하

게도 '시조'라는 느낌보다는 운율을 잘 타고 흐르는 자유시 같다는 인상을 받았습니다. 3 4 4 4 / 3 4 4 4 / 3 5 4 3 하는 식의 자수율을 따지기 이전에 「새벽 강」의 운율은 우리네 영혼 속에, 어린아이 엉덩이의 몽고반점처럼 찍혀 있는 바로 그 전통적인 가락과 장단을 따르고 있다는 생각이 들었습니다.

민병도 선생님이 바라본 새벽 강은 조용히 흘러가는 강이 아닙니다. 비가 억수로 쏟아진 탓에 강물이 불어 소리치며 흘러가고 있습니다. 그래서 깊디깊은 잠에 빠진 계곡과 강언덕, 강바닥의 돌들에게 외칩니다. 정신을 차리라고. 비가 몇 날 며칠 계속 퍼붓자 고요히 흐름을 유지하던 강은 돌변하여 새로운 길을 내고, "유실된 삶의 빈 나루"에까지 이릅니다. 우리네 삶의 터전이 강이 범람하여 죄 유실되면 나루를 울면서 지켜보게 되겠지요.

제방을 넘쳐흐를 듯 무시무시하게 흘러가는 새벽 강을 지켜보는 사람들이 있습니다. 소가죽으로 만든 먼 사찰의 북은 당연히 "죽어서 눈을 뜨는" 존재입니다. 그 쇠북이 울기도 전에 둑이 넘쳐버립니다. "어둠으로 어둠을 덮고 울음으로 울음을 묻어/ 별빛을 건져 올리는 무수한 저 손놀림"의 이웃들. 그 이웃의 사랑하는 가족과 집과 가금이 흘러가버린 절망에 아랑곳하지 않고 새벽 강은 서서히 제 모습을 찾아갈 것입니다. 제3연을 다시 한번 음미합니다.

작품론 | 평론 3

> 보아라 세상살이란 새벽 강을 건너는 일
> 절망도 둑이 넘치면 슬픔처럼 다정해지고
> 가다가 곤두박히면 또 한 생각 철이 들리라.

　세상살이란 저 넘실대는 새벽 강을 건너는 일입니다. 절망도 저 둑처럼 넘쳐버리면 슬픔(이별의 슬픔, 사별의 슬픔)이 그러하듯 다정해진다고 하셨습니다. 새벽 강을 건너다 배가 곤두박질치고, 그래도 살아난다면 "또 한 생각 철이 들" 따름입니다. 새벽 강은 그 뜨거운 몸부림을 통해 내게 가르침을 주었는데 가르침의 내용이 무엇인지 몰라 '안개'였다고 한 것은 아닙니까. 모호한 것이 또 있습니다. 갈대입니다. "고요에 갇힌 갈대의 흐느낌"은 강언덕에 피어 있다가 물에 잠긴 갈대를 가리키는 은유적인 표현이겠지요. 바람에 나부끼지 않고 물에 잠긴 갈대는 속으로 울고 있습니다. 강의 범람으로 제대로 울지 못하는 갈대의 의미는 "문자文字가 가두지 못한 밀경密經"으로 귀결이 되는군요. 자연이란 것이 실로 불가사의하여 우리의 조상은 자연신을 믿었던 것이 아니겠습니까. 자연의 힘은 불립문자와 언어도단의 경지 저쪽에 있습니다. 새벽 강이 범람하는 것을 보고 무엇을 깨달았다고 하기 어려운 것은 내가 인간임을 더욱 뼈저리게 자각했기 때문일 것입니다. 인간은 끊임없이 자연을 길들이려 하지만 자연은 제 나름의 질서를 지키며 살아가지 인간세상의 질서를 따르지는 않습니다.

　이번 여름의 태풍과 홍수로 국내에서 200명이 넘는 사람이 죽었습니다. 자연재해이기도 했지만 난개발과 재난대책 미흡이 피해를 늘렸다고 합니다. 그린벨트가 엄청나게 풀렸으니 산을 깎는 공사는 앞으로 더욱 많이 행해지겠지요. 우리 모두 민병도 선생님과 더불어 폭우가 퍼붓는 날 새벽 강에 나가 둑이 넘치는지 안 넘치는지 지켜보아야 하겠습니다. 자연은 고요에 갇힌 갈대의 흐느낌을 통해서 밀교의 경전이라는 미지의 세계를 암시하고 있습니다. 같은 지면에 발표하신 또 한 편의 작품을 읽어봅니다.

울 오매 뼈가 다 녹은 청도 장날 난전에서
목이 타는 나무처럼 흙비 흠뻑 맞다가
설움을 붉게 우려낸 장국밥을 먹는다.

5원짜리 부추 몇 단 3원에도 팔지 못하고
윤사월 뙤약볕에 부추보다 늘쳐져도
하교 길 기다렸다가 둘이서 함께 먹던……

내 미처 그때는 셈하지 못하였지만
한 그릇에 부추가 열 단 당신은 차마 못 먹고
때늦은 점심을 핑계로 울며 먹던 그 장국밥.
—「장국밥」 전문

진부한 소재, 낯익은 표현, 회고적인 정서, 게다가 시조…… 혹자는

작품론 | 평론 3

너무나 뻔한 이야기라고 비난할지도 모르겠습니다. 그러나 이 시에는 오늘날 문예지에 넘쳐나는 시편에서 좀처럼 맛보기 어려운 '감동'이 있습니다. 서정주, 박용래, 박재삼…… 그들의 시에서 그렇게 자주 맛보던 그 감동이란 것에 제가 얼마나 굶주려 있는지 아십니까. 가슴에 찌르르 파동이 오는 시, 그런 시를 참 오랜만에 보여주신 선생님께 감사드립니다.

청도 장날 난전에서 하루 종일 부추를 내다놓아도 어머니는 그것을 다 팔지 못합니다. 어머니는 흙비를 맞기도 하며 윤사월 뙤약볕을 쪼이다가 결국 후줄근해진 부추를 챙깁니다. 아들이 나타났기 때문입니다. 어머니는 하교 길의 아들을 데리고 장터 장국밥 집에 가 두 그릇을 시킵니다. 아들로서도 그것은 늦은 점심이었습니다. 장국밥 한 그릇에 부추가 열 단인 것을 생각해내고 어머니는 먹지를 못합니다. 철없는 아들은 점심을 이렇게 늦게 먹게 해준다고 징징 울면서 숟갈질을 합니다. 어머니가 드실 것까지 마파람에 게눈 감추듯 먹던 어린 시절을 회상해보며 화자는 회한에 젖어듭니다. '울 오매'의 고생과 자식 사랑하는 마음이 이 작품에 잘 담겨 있어 눈시울이 뜨거워집니다. 제 어머니는 30년 동안 시골 초등학교 앞에서 문방구점을 하셨지요. 겨울 내내 동상으로 고생하시면서.

내용도 좋지만 시의 흐름이 참 자연스럽습니다. 그리고 언어의 집으로서 서까래(초장)와 기둥(중장)과 지붕(종장)의 구도가 안정되어 있습니다. 앞의 시조가 기승전결의 구성을 갖추고 있다면 이 시조는 서·본·결의 구성을 갖추고 있다고 할까요. 꽉 짜인 구성미가 돋보입니다. 앞으로 저는 시조니까 내용과 형식 모두 구닥다리일 것이라는 선입견을 버리도록 하겠습니다.

현대시조이니 조금은 파격이 있어도 좋겠습니다. 그리고 시조를 쓰겠다는 강박관념에 사로잡힐 필요는 없다고 생각합니다. 선생님의 시조는 조선조 양반계층의 음풍농월조의 시조와는 차원이 다르니까요. 운율이 살아 있는 시여서 제 마음에 이렇게 잔물결을 이루며 다가오는군요.「새벽 강」처럼 파고가 좀 높은들 어떻겠습니까. 앞으로 선생님의 시 세계가 넘실넘실 흘러가는 장강이 되길 바랍니다.

다른 자리에서 더 좋은 시를 읽게 되기를 소망합니다. 안녕히 계십시오.

2002년 9월 7일
이승하 올림

현대시조의 정형성과 상상력의 자유로움

−《현대시학》 2000년 8월호 "내가 읽은 이달의 작품"

김 유 중 | 문학평론가, 건양대학교 교수

김억이 주는 교훈

한국 근대시의 선구자 가운데 한 사람인 金億은 일찍이 우리 정형시의 단계를 거치지 않고 바로 자유시로 넘어간 것에 대해 다분히 불만족스러운 눈길로 바라보았던 사람이다. 물론 근대 시인이었던 그가 자유시 출현의 의의를 부정했던 것은 아니다. 다만 그는 근대시의 진행단계에서 정형시의 존재를 필수적으로 거쳐야 하는 것으로 인식했으며, 당시 우리 문학에서 근대시 창작이 지지부진했던 가장 큰 원인은 정형시의 훈련이 부족했기 때문이라고 판단하였던 것이다. 물론 신문학 태동기에 유행하였던 개화 가사도 있고 창가도 있었지만, 그는 그런 류의 미달형만으로는 도무지 성이 차지 않았던 듯싶다. 그가 원했던 것은 진정한 근대적 정형시의 출현이었던 것이다.

　그가 주장했던 소위 〈격조시格調詩〉란 근대적 정형시에 대한 그의 이 같은 믿음의 변형으로 해석할 수 있을 것이다. 요컨대 이 논의의 이면에는 우리가 지향하여야 할 한국적인 시의 정형이 무엇인가라는 물음이 가로놓여 있는 것이다. 진정한 우리다운 정형시가 서구의 영향을 받은 자유시와 상호 길항 관계를 유지 하면서 발전하는 것. 이것이 이 땅의 선구적 근대 시인이었던 김억이 머릿속으로 은밀히 그려보았을 구상인 것이다.

 필자는 여기서 정형시에 대한 이러한 김억의 생각과 격조시 구상의 당, 부당 여부를 길게 늘어놓을 생각은 없다. 단지 그의 시도에서 스쳐지나가는 어떤 아쉬움 같은 것이 느껴졌기 때문에, 좀 색다른 각도에서 이 문제를 바라 볼 수도 있지 않을까 하는 의문이 들었을 뿐이다. 근대적 정형시에 그토록 민감한 관심을 가졌던 그가 당시 활발히 논의되었던 시조 부흥 운동에 대해서는 별다른 관심을 보이지 않았던 점은 안타까운 일이 아닐 수 없다. 범 국민문학파의 일원으로서, 민요시 창작에까지 깊숙이 관여하였던 당시의 그의 행적으로 보아 이런 그의 무관심은 의외라 할 정도이다. 시조라는 양식 자체가 이미 당대의 정서를 반영하기에는 너무도 케케묵었다고 생각했기 때문일까. 아니면 그 양식적 특성상 민요와는 달리, 근대적인 것으로 재창조해내기 힘들다고 판단했기 때문일까.

현대시조의 문제

 김억에게서 느끼는 문제점을 그대로 연장해나가는 입장에서, 이제 현대시조의 문제를 거론해 보도록 하자. 현대시조의 문제를 부정적으로 바라보는 사람들이 있다. 그들은 시조란 이미 시효가 지난 장르이며, 그것을 억지로 현대에 되살려 내려는 것은 마치 이 시대에 고대 서사시를 다시 복원하고자 하는 시도와 같은 우매한 짓이라고 규정한다.

문학 양식이 시대성을 반영한다는 사실을 승인한다면, 이들의 주장에 어느 정도 일리가 없는 것은 아니다. 그러나 모든 것이 그러하듯이, 문학에도 시대의 흐름에 발맞추어 새로이 변화하는 것과 변하지 않으려는 것이 공존하기 마련이다. 사라진 우리의 옛 말들이 주변 누군가의 노력에 의해 수십 년, 아니 수백 년의 긴 잠에서 깨어나 다시 우리 젊은이들에게서 사랑받고 있는 근자의 몇몇 사례들에서도 볼 수 있듯이, 문학 양식 또한 그러지 말라는 법은 없을 것이기 때문이다. 다만 그것이 일회성의 시도로 끝나느냐, 지속적인 흐름으로 이어지느냐는 것은 그것을 대하는 우리들의 마음가짐과 태도에 달린 문제일 것이다.

물론, 시조 양식을 복원하여 창작에 임한다 할지라도, 과거와 같은 형태를 무작정 답습할 수는 없다. 시대가 변하고, 생활 여건이 변하고, 사람들의 인식과 정서마저 바뀌어버린 지금, 의당 그러한 상황 변화에 능동적으로 대처할 수 있는 새로운 양식으로 탈바꿈시키려는 노력이 뒤따라야 할 것이기 때문이다. 양식자체의 고유한 속성을 손상시키지 않으면서도 변화의 진폭을 폭넓게 수용할 수 있는 양식으로 재창조 하는 것. 그것은 어디까지나 이 시대에 시조 창작에 임하고 있는 창작인들의 몫이다. 그런 각도에서 최근 현대시조의 양식적 특성과 그것을 대하는 창작인의 자세를 말한 박철희 교수의 다음과 같은 지적은 시의 적절한 것이라 생각된다.

작품론 | 김유중

> 물론 현대시조도 시조인 이상, 전통의 압력에서 자유로운 것은 아니다. 시인이란 엄격히 말해서 전통의 압력에서 자유를 체험하는 사람이다. 관습과 규칙이 없는 자유보다 오히려 관습과 구속 속에서 자유를 구사하는 것이 시조의 매력과 장점이 되어준다. 이 때 시조의 관습과 규칙은 상상력을 구속하는 것이 아니라 오히려 상상력을 자유롭게 한다. 그 만큼 자유정신은 민족이라는 유희 본능의 다른 표현이다.
> —박철희, 「현대시조의 시조성」(『현대시』2000. 7. p.218)

전통의 압력에서 자유를 체험한다는 것. 이 때 시조의 관습과 규칙은 상상력을 구속하는 것이 아니라 오히려 상상력을 자유롭게 한다는 것. 그러한 목표를 달성하기란 말처럼 결코 쉬운 일이 아니다. 그러나 그것은 우리가 현대시조를 근대적 정형시의 한 완성형으로 끌어올리기 위해서는 어떤 대가를 치르고서라도 필히 올라서야할 봉우리임에 틀림없는 것이다.

「풍경」—불교적 세계관의 변용

시조가 가진 고도의 정제된 형식적 특질은 빈틈없이 올곧고 강직한 선비 정신의 표상이다. 비록 후대에 내려가면서 기생인 전문 가객들이 대열에 합류했다고는 하지만, 그런 그들의 합류가 시조 속에 녹아든 조선의 유학층들의 이념과 세계관을 근본적으로 뒤흔드는 것은 아니었

작품론 | 평론 4

다.

 어차피 시조라는 양식 자체가 여말, 선초의 사대부들의 유교적 세계관을 반영한 것 이라느 점을 승인 한다면, 그 속에서 불교적인 색체가 드러나길 기대하는 것은 애당초 무리일수 밖에 없다. 때문에 오늘날까지 전해져 내려오는 그 많고 많은 고시조의 작가 가운데 스님이 단 한사람도 없으며, 또한 불교적 색채를 지닌 것이 별로 눈에 띠지 않는 점은 어쩌면 당연한 결과인지도 모른다. 심하게 말한다면, 양식은 그것을 운용하는 사람의 사유의 틀을 규정한다. 시조의 형식이 불교적인 세계를 거부한 것은, 혹은 역으로 불교적 세계가 시조라는 형식을 기피한 것은 그 양식 속에 숨겨져 있는 무의식적 선험 조건 때문이 아니었을까.

 그러나 이제 시대는 바뀌었다. 이 시대에 더 이상 과거와 같은 선비 정신은 사라졌다고 해도 과언은 아니다. 시조를 되살리고자 하는 노력이 그러한 선비 정신을 별도로 이어나가자는 취지는 아닐 거시이며, 꺼져가는 유교적 세계 인식의 촛불을 되살려 보자는 것은 더더욱 아닐 것이다. 중요한 것은 시조라는 양식적 전통의 계승과 그것의 창조적 변용이며, 그 과정에서 종전 같으면 도저히 화합할 수 없는 제반 가치관이나 세계관들이 시조 속에 이입되어 한 데 뒤섞이는 것은 자연스러운 현상이라 할 수 있다. 앞서 제시된 전통의 압력 속에서 자유를 체험하라는 말은 이러한 관계에도 그대로 적용될 수 있을 것이다.

 부처님 출타중인 빈 산사山寺 대웅전 처마

작품론 | 김유중

물 없는 허공에서 시간의 파도를 타는

저 눈 큰 청동 물고기 어디로 가고 있을까

민병도의 시조 「풍경風磬」의 첫 수에 해당하는 부분이다. 시인은 여기서 표면적으로 산사에서 마주치게 된 풍경의 모습을 약간의 상상력을 가미하여 담담하게 그리고 있다. 그러한 표현 방식과 마지막 종장 부분의 질문은 불교적인 화두를 형성한다. 부처님이 출타중인 빈 산사, 허공에서 파도를 타는 청동 물고기, 그리고 그 물고기가 향하는 지향점. 그것은 표면적으로는 막연한 풍경의 제시이지만, 다른 한편으로는 불교적 구도의 전 과정을 의미하는 것일 수 있다. 세상을 비우고 나 자신을 비우는 것이 그 과정이라면, 그것은 불자로서의 수련의 최종적인 목표인 동시에 관념적인 차원에서 보면 목표가 될 수 없다. 그 목표 아니 목표에 한 걸음 다가서기 위해, 뜻 모를 의미를 이해하기 위해서는 고독한 수련이 요구된다.

뼈는 발라 산에 주고 비늘은 강에나 바쳐

하늘의 소리 찾아 홀로 떠난 그대 만행卍行,

매화꽃 이울 때 마다 경經을 잠시 덮는다

작품론 | 평론 4

물고기가 자신의 뼈와 비늘은, 나아가 자기 전부를 자신이 나고 자란 이 사바세계에 돌려주듯이, 구도의 길은 자신의 육신을 포함한 모든 것을 버리려는 자세로 동시에 모든 것을 초월해야 하는 길이다. 그 길은 홀로 정진해야 하는 고독한 길이다. 그러나 나아가서는 고독조차 초월할 때 도달할 수 있는 길이다. 수련의 목표는 깨달음이지만, 깨달음을 얻기 위해 불경을 펼쳐 읽어보기도 하지만, 한 철 꽃이 피었다 지는 자연의 섭리 앞에서는 잠시 그 구도의 과정 역시 허망하게 느껴지기도 한다.

혓바닥 날름거리며 등지느러미도 흔들면서

상류로, 적요寂寥의 상류로 헤엄쳐 가고 나면

끝없이 낯선 길 하나 희미하게 남는다

「풍경」의 마지막 수는 희미한 구도의 흔적을 더듬는 것으로 끝을 맺는다. 불교적 관념에서 깨달음이란 영원히 완성되지 않을 하나의 연속적인 과정일 뿐이다. 진정한 깨달음은 바로 그 속에 있다고 해도 과언이 아니다. 위에서 시인이 제시하고자 하는 바로 그 과정으로서의 흔적의 의미를 더듬는 것일 게다. 그 과정, 즉 흔적은 다시 뒤돌아보아도 낯설게 느껴진다. 초월이란 결국 세상에 자신을 던져 자신의 모든 것

작품론 | 김유중

을 버리고, 그 속에서 다시 태어나는 것이 아니겠는가.

  위에서 나는 시조 「풍경」에 가로놓인 불교적인 세계의 의미를 나름대로의 기준에 의해 재정리하고 설명해 보았다. 물론 이러한 나의 설명은 이 시가 지향하고 있는 불교적 진리 세계의 본 모습에 한참 미달하는 것임을 잘 알고 있다. 그리고 그 미달이란 어쩌면 필연적인 것이기도 하다. 불교적 진리란 어차피 불립문자不立文字로 표상되는 논리를 넘어선 논리의 세계, 곧 역설의 세계이기 때문이다. 그 세계를 언어로 풀어 설명하기란 처음부터 불가능한 일이다. 그러나 이런 나의 자괴감과는 달리 정형적 시조의 한정된 틀은 어떤 논리적인 저술에 못지않은 위력을 발휘하기도 한다. 시인은 시조라는 정형시가 지닌 관습과 규칙의 틀을 헤치지 않으면서도 그것을 멀찌감치 뛰어넘어, 본래의 고유한 속성과는 전연 다른 새로운 생명력을 불어넣고 있다. 그 짧은 형식 속에 이 세계의 진리를 담으려는 시도는 자유로운 상상력의 비약 속에서만 가능하다. 전통의 압력이 오히려 자유의 조건으로 작용할 수도 있음을, 이 시조는 우리에게 유현하게 제시해 주고 있는 것이다.

작가 앨범 | 저술

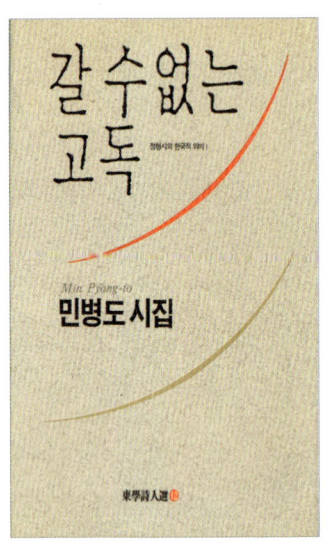

첫 시조집–설잠의 버들피리, 1985
시조집–갈 수 없는 고독, 1991
시조집–무상의 집, 1994
장시조집–불이의 노래, 1997
시조집–섬, 1999

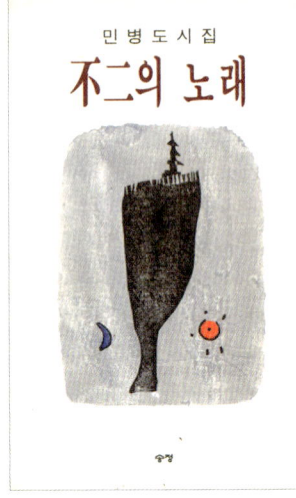

작가 앨범 | 시조집

시조집–슬픔의 상류, 2002
시조집–마음저울, 2005
시조집–내 안의 빈 집, 2008
장시조집–원효, 2010

작가 앨범 | 저술

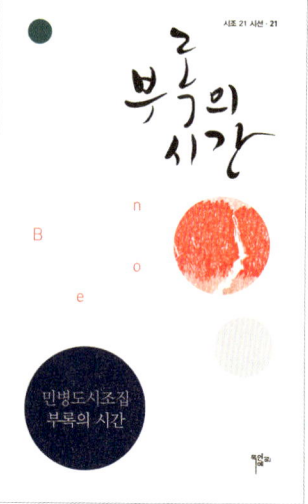

시조집-들풀. 2011
시조집-칼의 노래. 2014
시조집-바람의 길. 2017
시조집-부록의 시간. 2019

작가 앨범 | 시조집

시조집-일어서는 풀, 2021
육필단시조집-삶이란, 2022
동시조집-노을이 긴 팔을 뻗어, 2017
동시조집-은행나무 숟가락, 2020

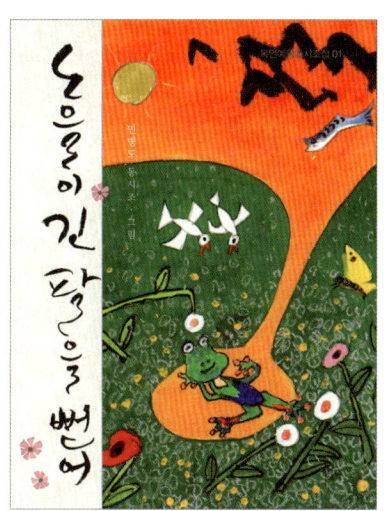

작가 앨범 | 시조집

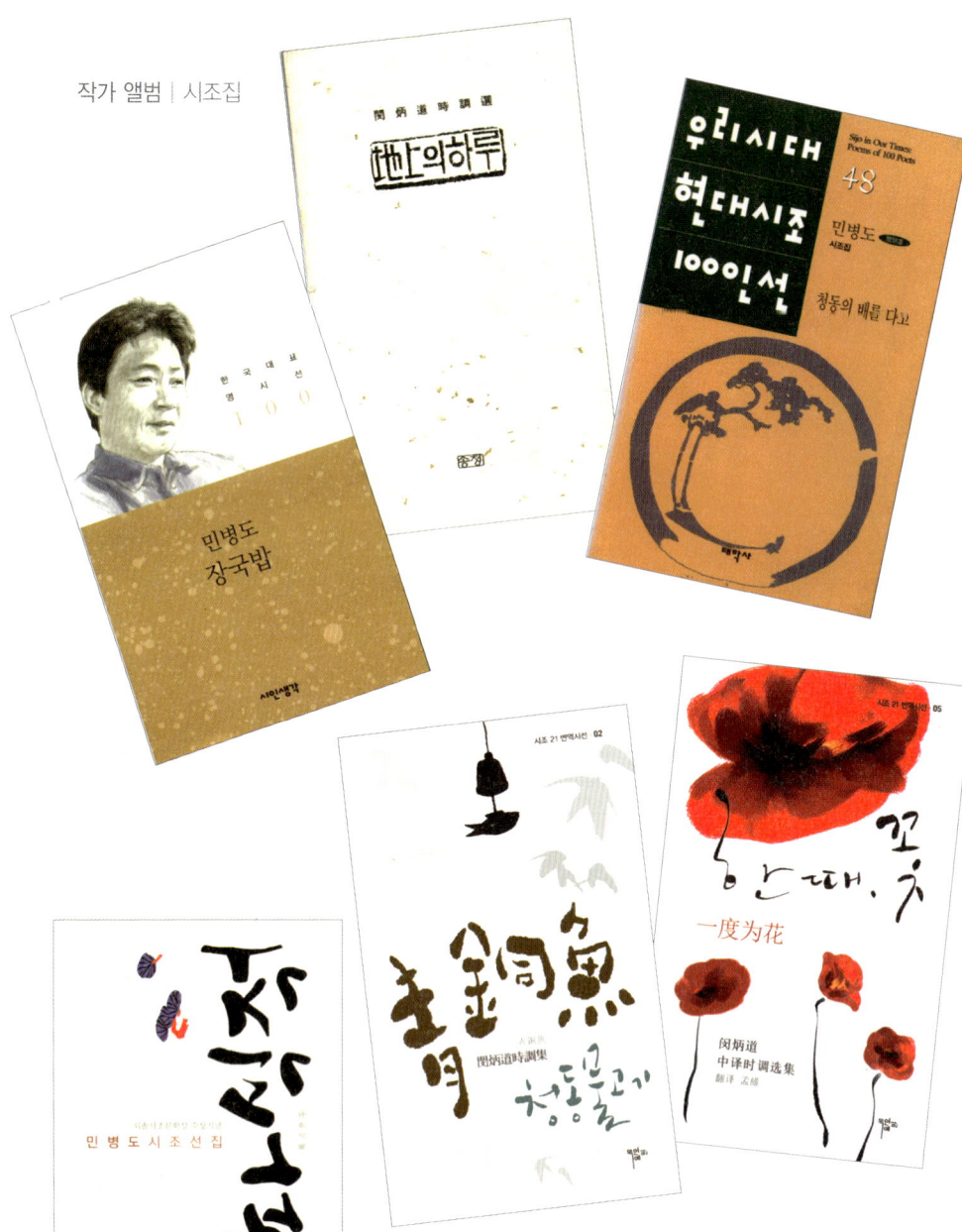

시조선집-지상의 하루, 1996
우리시대 현대시조100인선-청동의 배를 타고, 2001
한국대표명시선100-장국밥, 2013
시조선집- 만파식적, 2018
일어번역시조집-청동 물고기, 2015
중국어 번역시조집-한때 꽃, 2017

작가 앨범 | 자유시집, 수필집

나남시선-숨겨둔 나라(자유시), 1989
박우시선1-만신창이의 노래(자유시), 1995
제1수필집-고독에의 초대, 2005
제2수필집-꽃은 꽃을 버려서 열매를 얻는다, 2013
제3수필집-강물은 자신을 밟고 길을 낸다, 2021

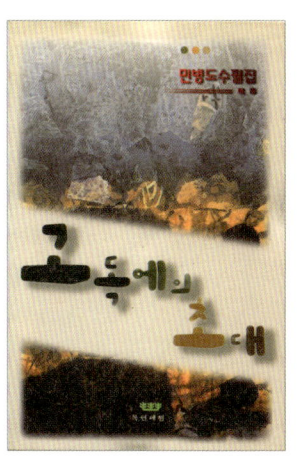

작가 앨범 | 평론집, 시조낭송 가곡집

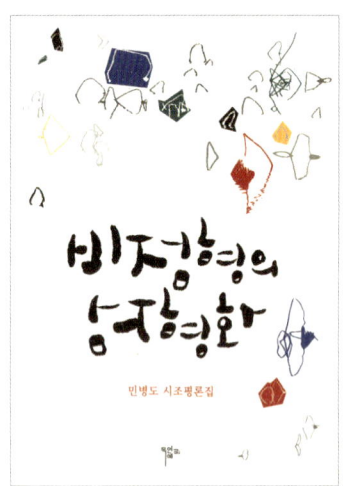

제1평론집-형식의 해방공간 그 실험의지, 2002
제2평론집-닦을수록 눈부신 3장의 미학, 2010
제3평론집-비정형의 정형화, 2016
제4평론집-시조, 정형성에 대한 새로운 이해, 2019
민병도 시조, 낭송, 가곡집

작가 앨범 | 저술

민병도 화집 1, 2014
민병도 화집 2, 2022
시화집1-매화 홀로 지다, 1998
시화집2-흐르는 강물처럼, 2003

작가 앨범 | 시비, 기념비

대구문화예술회관 민병도 핸드프린팅, 2015

들풀 시비-금천

민병도 시비-저산에, 전남 장흥

민병도 시비-여주 남한강 문학동산

유등 연못-청도 유등지, 2011

작가 앨범 | 시비, 기념비

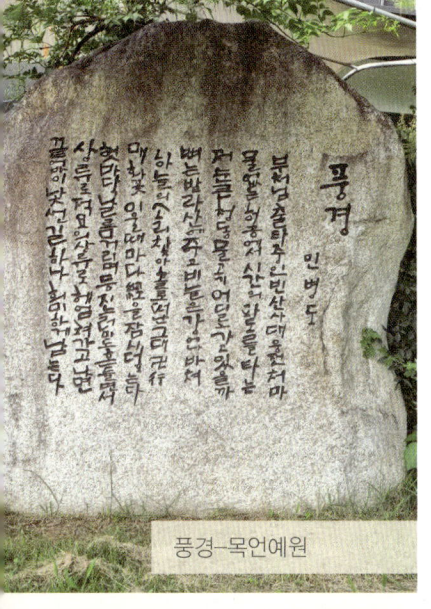
풍경-목언예원

장국밥-청도시조공원, 2016

한때 꽃-목언예원

을숙도-을숙도 야외

작가 앨범 | 시비, 기념비

장국밥-전한영묘

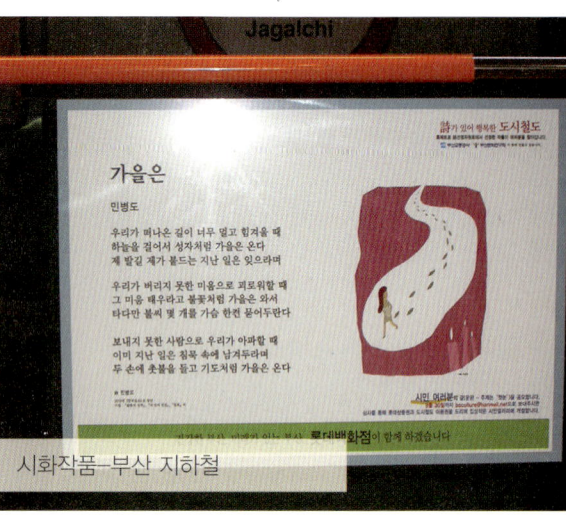

시화작품-부산 지하철

봄비-성신여대역

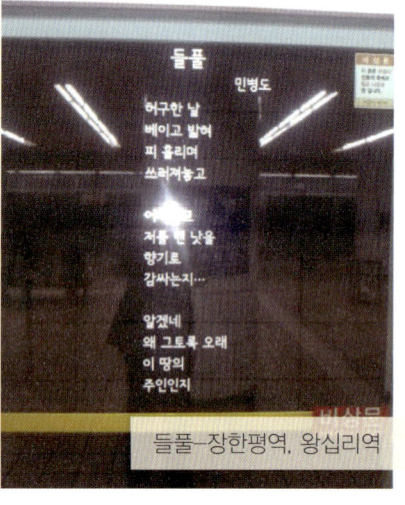

들풀-장한평역, 왕십리역

작가 앨범 | 문학 활동

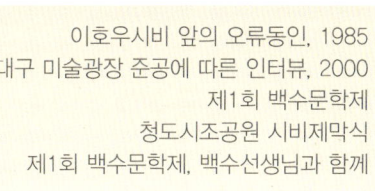

이호우시비 앞의 오류동인, 1985
대구 미술광장 준공에 따른 인터뷰, 2000
제1회 백수문학제
청도시조공원 시비제막식
제1회 백수문학제, 백수선생님과 함께

작가 앨범 | 문학 활동

시조21 창간 10주년에 참가한 시인들, 2011
시조21 창간 10주년 시화전 개막식, 2011
오누이시조문학상 운영위원회를 마치고, 2011
한국문인협회 50주년 기념식, 2011. 12. 28

작가 앨범 | 문학 활동

시조21 신인상 시상식, 2012
오누이 운영위원회, 2013. 10.4
무한의 황학루에서, 2014
운주사 문학기행, 2013

작가 앨범 | 문학 활동

노쿄 하이구국제교류협회 방문, 2015

오누이문학기념회, 2015
한국시조시인협회 사무실 매입 입주식
국제시조대회 환영사, 2016
거제도 청마기념관에서, 2015

작가 앨범 | 문학 활동

아리마 아키히토 국제후이쿠교류협회 회장님과, 2016. 10. 29
청도 국제시조대회에서, 2016
한국시조시인협회 한시기행-이백고리에서, 2016
동토시 서운암에서 성파스님과 아리마 회장, 2016. 10. 30

작가 앨범 | 문학 활동

성전암에서 성파 스님과 아리마 하이쿠교류협회 회장, 2016

교토 궁중 와카의 명문 (레이제이가)와 시조와의 만남, 2017

두보초당에서, 2016
국제시조 창간호 출판기념회, 2017
아미산 정상 보현보살 앞에서, 2016

작가 앨범 | 문학 활동

정형시와 함께하는 일본문학 기행, 2017
바쇼기념관에서, 2017
조영일 시인 시비제막식 축사, 2017
제1회 박풍산백일장 개최하고, 2017

141

작가 앨범 | 문학 활동

한국시조문학상업친회에서, 2017
TBC 문화원 채움 한 장면, 2017
국제시조협회 정기총회, 2018
일본 교토신문기자 인터뷰, 2018 교토
도산별과 임종찬, 조영일 시인과, 2018. 5. 11

작가 앨범 | 문학 활동

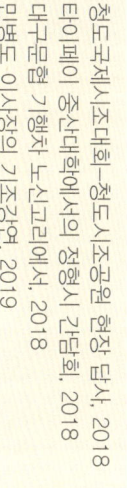

청도국제시조대회-청도시조공원 현장 답사, 2018
타이페이 중산대학에서의 정황시 간담회, 2018
대구문협 기행차 노신고리에서, 2018
만병도 이사장의 기조강연, 2019

작가 앨범 | 문학 활동

경주 춘추관 느림보문화학당-초청 북 콘서트, 2020
하이쿠 대표자들과의 기념사진-도쿄 한국대사관, 2019
도쿄 한국대사관에서
대구시조시인협회 천전리 암각화 기행에서
오누이시조문학상 운영위원회를 마치고, 2020

작가 앨범 | 문학 활동

도쿄 한일 정형시 간담회—아리마 회장(전 일본 문부성장관)의 인사
민병도 시인과 함께 하는 전통시장 이야기—청도
이영도 선생 관련 특강
한국문학심포지움

작가 앨범 | 보도 자료, 수상

가람시조문학상 시상식

김상옥시조문학상 수상

중앙시조대상 시상식에서, 2001

금복문화상 시상식에서, 2009

가람시조문학상 시상식에서

작가 앨범 | 보도 자료, 수상

외솔시조문학상 시상식
자랑스러운 경북도민상 수상
한국문학상 수상
자랑스러운 경북도민상 시상식장에서

147

작가 앨범 | 보도 자료, 수상

제1회 민족시 시조백일장 시상식 후 기념촬영, 1975

통영문학상 시상식 축하객들과

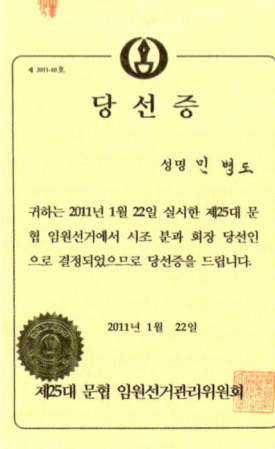
한국시조작품상 시상식-출판문화회관, 1991

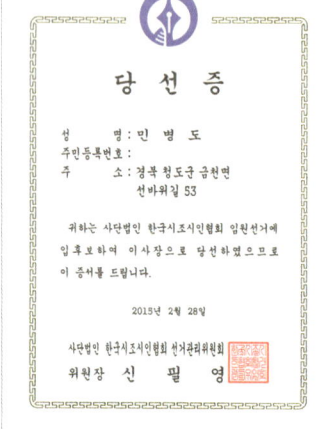

작가 앨범 | 보도 자료, 수상

매일신문 기사-국제시조대회
고독에의 초대 외
가람시조문학상 수상
국제시조대회 소개-영남일보

"한국시조, 상대적 소외…번역작업 통해 국제화해야"

작가 앨범 | 보도 자료, 수상

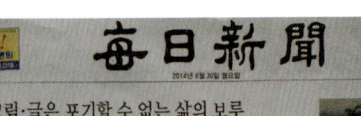

매일신문 전시 소개
문화인 민병도
신간 (부록의 시간) 소개
시조문학관 건립

작가 앨범 | 보도 자료, 수상

민병도 시조시인 '외솔시조문학상'
수상작 '겨울 대숲에서' '낙화' 등 5편

민병도 시조시인이 제2회 외솔시조문학상 수상자로 선정됐다. 수상작은 민 시인의 '겨울 대숲에서' '낙화' '삼월' '얼굴' '자객' 등 5편이다.

외솔시조문학상은 울산 출신의 한글학자이며 독립운동가인 외솔 최현배(1894~1970) 선생을 기리기 위해 지난해 제정됐다. 외솔은 일제강점기 옥중에서 쓴 '면회', '함흥감옥' 등 100여 편의 시조를 남겼다. 울산시 중구와 외솔문학·외솔시조문학선양회는 외솔의 뜻을 받들고, 한글과 시조, 우리글 과 우리 시의 결속을 이어가기 위해 문학상을 후원하고 있다.

심사위원들은 "민 시인의 시조는 품격과 한국어의 솜씨가 조화를 이룬 수작"이라고 평했다.

민 시인은 "외솔 선생이 민족혼으로 이어온 시조의 성과로 보면 과분한 상이라며 "외솔이 세계적 유산인 한글을 치달아야 할 성과의 하나로 시조를 택하셨다는 점에서 장차 시조의 품을 드높이는 심부름꾼이 되라는 유로 받아들이겠다"고 소감을 밝혔다.

청도 노진규 기자 jgroh@msnet.co.

민병도 시조시인협회 이사장 당선

민병도 시인(사진)이 지난달 28일 서울 조계사 불교박물관에서 열린 (사)한국시조시인협회 정기총회에서 이사장에 당선됐다.

단독후보로 출마해 당선된 민 이사장은 청도 출생이며 1976년 한국일보 신춘문예로 등단했다. 이후 한국문인협회 시조분과회장, 대구시조시인협회장을 역임했다. 중앙시조대상, 가람시조문학상, 김상옥시조문학상 등을 수상했으며, 현재 이호우 이영도문학기념회 회장, '시조21' 발행인으로 활동하고 있다. 시집으로는 '슬픔의 상류' '들풀' '잡국밥' 등 16권이 있다. 민 이사장은 3년 임기 동안 시조의 대중화, 시조의 국제화, 시조 바로세우기 등 세 가지 사업에 주력할 뜻을 밝혔다.

민 이사장은 "시조가 우리 국격을 높여주는 문학장르임에도 불구하고, 너무 형식적인 행사에만 치중하는 등 제대로 활동을 하지 못해 크게 부각받지 못했다"며 "일본의 하이쿠나 중국의 한시 관련 단체와 교류를 개최하는 등 문화한류를 일으킬 수 있는 다양한 활동을 펼칠 것"이라고 포부를 밝혔다.

조시인협회는 민족시 발전을 목표로 1964년 설립된 문화단체이며, 현재는 1천3000명의 회원이 있다.

기자 enigma@yeongnam.com

[Copyrights ⓒ 영남일보. 무단 전재 및 재배포 금지]

国際俳句交流協会 第21回講演と俳句大会
12月9日(月) 東京・ハンマダンホール

151

작가 앨범 | 보도 자료, 수상

주간매일
청도국제시조대회 소개
중앙일보 국제시조대회 기사

작가 앨범 | 보도 자료, 수상

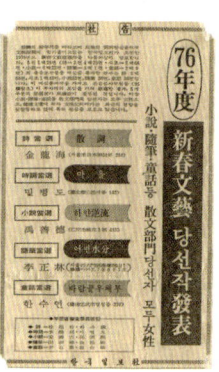

청도의 소쇄원을 꿈꾸다
한국대표명시선 기사
한국시조시인협회 이사장-매일신문
한국일보 신춘문예 당선 기사, 1976

작가 앨범 | 인연의 장

대구 어느 호텔에서
김상옥, 심재완 선생님과, 1995

백수 선생님과 청주시실에서, 1997

고정국 시인과 목언예원에서, 2000년대 초

대구미술광장 개관식에서 대구시장, 예총회장, 2000

강소성국화원에서 윤석 화백과, 2001

작가 앨범 | 인연의 장

강소성국화원에서 조서성 원장과, 2001
상해 미술가들의 목언예원 방문, 2001
목언예원에서 (김현, 김남환, 서정춘, 민영, 유재영, 서우승 시인), 2002
오세영 시인과 오누이생가에서, 2002

작가 앨범 | 인연의 장

대구시조협회 시화전에서 강신성일 의원과, 2003
대구—제남 교류전에서 장지민 총장과, 2003
교토 청수사, 2013. 5. 25
조동화, 박숙희 선생 댁에서 (경주), 2015년 여름
굴원의 동상 앞에서, 2014

작가 앨범 | 인연의 장

마산 어느 바닷가 까페에서, 정경화, 김복근, 한분순, 김교한, 김용언, 하순희 시인, 2018. 11
미술세계 초대전에서 서양화가 박연도 선생님과, 2018. 12
대구 수성아트피아 개인전에서 김남현교수, 문무학 시인, 노중석 시인, 2018
우정숙, 성국희 시인과, 2018

작가 앨범 | 인연의 장

개인전에 오신 심재완 박태권 교수, 2010

산청요 민영기 도예가와, 2022

개인전 개막식, 2014

개인전을 찾아오신 김영재 선생님과, 2010. 6. 3

개인전에 참석하신 민경갑, 김영재, 최복은 화백

작가 앨범 | 인연의 장

갤러리에서 이철우 도지사와 이효상 전국회의장의 작품을 들고

경상북도 한재성 문화예술과장 방문, 2019. 1. 7

경북지사 접견실에서 김관용 지사와, 2016. 9. 12

작가 앨범 | 인연의 장

고베 북야미술관에서 아내와, 2013. 5. 24

김관용 경북도지사의 예원 방문, 2015

관룡사에서 박방희 시인과, 2015. 4. 4

구미 예화랑 초대전에 참석하신 김관용 지사와 이동철 작가, 2021

김관용 전 경북도지사, 이승율 군수와
카페 이에르바에서, 2020. 9. 1

작가 앨범 | 인연의 장

김상옥 선생님과 함께한 오른들이
2.요동 시인과, 2021. 3. 5
김제환, 류상덕 시인과 민병도 시비에서, 2016
남오원 관장과 왜관에서, 2020

작가 앨범 | 인연의 장

남산에서 조영일 노중석 조동화 시인과, 2011
노원호 시비에서 노원호 선생과, 2017
노중석 시인과 백수 선생을 모시고
대구 염불암에서 박시교, 김남환, 서우승 시인과
대구문학관 건립 시민위원회 첫 회의를 마치고—산 한정식, 2019. 6. 10

작가 앨범 | 인연의 장

두보 동상앞에서 공영해 시인과
류상덕, 리강룡 시인과, 2015. 3. 20
마크 피터슨 교수와, 2017
문무학 시인 내외와 의상대에서

작가 앨범 | 인연의 장

문상직 화실에서, 2013

문신미술관에서 한분순, 김용언, 정경화 시인, 2019. 11

문인화가 사공홍주 선생과, 2022

민경갑 선생님 병환중에, 2018

민경갑 선생님 화실에서, 2011. 8. 4

작가 앨범 | 인연의 장

민경갑 선생님의 목언예원 방문, 2000
민병도 김자성 (이영도 선생 외손자) 문무학, 2021년 오누이시조문학상 시상식
민병도 한국화 50년전 기념전에서, 2022

작가 앨범 | 인연의 장

박철수 감독과 코미디언 유퉁의 방문, 2009

백담사 한국문학심포지움, 2011. 8. 13

백수문학관 개관식에서 모산선생님과, 2008. 12. 10

백수 정완영 선생님과 시비 앞에서

백수문학관에서, 2002

작가 앨범 | 인연의 장

번역가 김석희 선생과 예원에서, 2013
부산여류시조시인협회 예원 방문
서지학자 박영돈 선생 서재에서, 2019
석남사에서 백이운 시인과, 2007

작가 앨범 | 인연의 장

선으로 가는 길의 이종철 대표와

선유계곡 정완영 선생, 1997

소산 박대성 화실에서, 2011. 9. 21

성파 스님(조계종 종정) 회화전에서, 2017

수채화가 이경희 선생 개인전에서, 2013

작가 앨범 | 인연의 장

시조21 편집회의를 마치고, 2009
시조 전도사 마크 피터슨 교수의 예원 방문중에, 2018
심재완 선생님 내외분과 예원에서
심재완, 민경갑 선생님을 모시고 동화사에서, 2001

작가 앨범 | 인연의 장

유성호 교수, 손정순 시인과 운문사에서, 2011

예원에서 김일연 시인과, 2021. 11. 13

오누이시상식을 마치고 목언예원에서, 2021. 11. 13

오누이시조문학상 심사를 마치고
신필영, 전연희, 노중석, 2020. 2. 25

유산 민경갑 선생님과 제2석굴암에서, 2003

작가 앨범 | 인연의 장

이근배 시인과 예원에서, 2019
이상돈 중장과 예원에서, 2012. 6. 14
이상범 시인 출판기념회 축사, 2017
파계사에서 석성우 스님과
이원동 전 청도군수와, 2020

작가 앨범 | 인연의 장

이일향 선생 댁내, 2016. 11. 17
이중근 청도군수와, 2012
이철우 경상북도지사 내외 래방

정경화 시하늘 초대석에서, 2015

일본 궁성현 미술관에서, 1998

작가 앨범 | 인연의 장

정용국, 이승현, 정희경, 임성구, 정경화 시인과
화실에서, 2022. 7
조동화 시비제막식에서, 2018
조영일 시인과, 2009
중국 산동대 총장과 용두암에서

작가 앨범 | 인연의 장

최인철 교수와, 2013

한국미술협회 부이사장단 목언예원 방문기념, 2004. 7. 11

허영자 김상훈 시인과-목언예원에서, 2005

부모님-목언예원에서

결혼식, 1980

작가 앨범 | 사제의 장

근정전에서, 2015
거제도 포로수용소에서 한결, 2011
경북도청 민병도 그림 앞에서, 2016
권정생 살던 집에서

작가 앨범 | 사제의 장

김창열미술관에서, 2019

남관 선생 기념전에서 한결동인들과

다산초당에서 한결 동인들과, 2017

목우시조동인들과, 2017

민충정공 자결터에서

작가 앨범 | 사제의 장

단배식 기념, 2019
단배, 2011
단배식, 2020

작가 앨범 | 사제의 장

시조 수업 한 장면

박재삼 시비에서 이목 동인과

이목 동인들과 영남루에서

안동 문학기행에서 문하생들과

작가 앨범 | 사제의 장

이원좌 화백 팔순전에서 한결동인들과
전시장에서 한결 동인들과, 2022
정방폭포에서 한결동인들과, 2019
한결 동인의 남산 답사, 2017

작가 앨범 | 목언예원

목언예원 표지석

작가 앨범 | 목언예원

작가 앨범 | 목언예원

목언예원 가족시조낭송축제

작가 앨범 | 목언예원

작가 앨범 | 목언예원

목언예원

위 치 경북 청도군 금천면 갈마리길 33
면 적 약 700평(대지면적)
준 공 1999
디자이너 민병도 정경화

국립 수목원 선정-
가보고 싶은 정원 100-목언예원 소개

부설 카페 이에르바 건립

나의 문학, 나의 인생

'나를 위한 시조'에서 '시조를 위한 인생'으로

―《계간문예》, 2021 여름호 〈작가특집〉에서

민 병 도

한 포기의 들풀로 나서

민족시의 본류요 종가인 시조를 내 문학의 본가로 선택한 지 50년에 이른다. 끔찍하다 싶을 정도로 많은 시간이 흘렀음에도 나에게 시조는 아직도 낯설다. 형식을 극복했나 싶으면 시상이 진부하고 시상을 바로 붙잡았나 싶으면 시 정신의 깊이가 보이지 않는다. 언제쯤이면 일관된 시적 질서를 초월하여 시대를 관찰하고 민족을 진단하며 미래를 향한 처방전을 내놓을 수 있을지 가늠할 수가 없다.

그렇다고 문패만 내다 걸고 게으름을 피운 것 같지도 않다. 지금껏 18권의 발표 시조집을 발간하고 시선집이니 번역시집이니 하는 것까지 합하면 26권이나 되니 말이다. 되도록 많은 사물의 새로운 모습을 관찰하려고 애를 썼고 그 변모가 의미하는 존재의 위의威儀와 생멸의 진정성에서 내가 설 자리를 찾으려 노력하였다. 많은 방황과 좌절 끝에 이따금 확인하는 내 자리에서 소통해야 하는 시간과 이웃과 역사와 민족은 언제나 당위와 필연을 충동질하는 힘이 되어 주었다. 다만 내가 할 수 있는 최선은 한 시대의 증인으로서 스스로 짊어진 사명감과 역할에 충실할 따름이다.

내가 문학과 인연을 맺을 수 있었던 데에는 아무래도 태생적 환경의 영향이 클 것이다. 내가 태어난 때는 6·25전쟁이 발발하고 가까스로 휴전이 조인되던 해였다. 국가 전체의 비극을 겪은 뒤이니 총체적 난국이야 말할 나위가 없겠지만 내가 나고 자란 산골짜기의 가난이고 보면 오죽했으랴. 밥은 굶어도 학교는 보내야 한다는 부모님의 의지로 고등학교까지는 향리에서 다녔다. 학교가 파하기 무섭게 집으로 가서 나무를 하거나 소먹이는 일과 산나물을 캐면서 집안일을 도왔다. 그렇게 힘겹게 지낸 일들이 역설적이게도 스스로 살아남기 위해서는 부지런해야 한다는 것을 몸으로 익히는 계기가 되었던 것 같았다. 그러면서 다른 한편으로는 외로움을 키워 갔었던 모양이었다.

그러던 중학교 시절에 우연히 김소월 시집 『못잊어』를 보게 되었는데 참으로 다양한 감정의 표현들이 야릇한 매력으로 다가왔었다. 그리고 시가 무엇인지도 잘 모르던 내게 시를 읽는 재미에 빠지게 하였다. 갓 혼인을 한 고모부가 고모에게 선물한 책이었는데 밤낮없이 그 시집을 외우면서 외로움을 달랬었다. 그리고 기억에 남는 구절을 메모하기도 하고 비슷한 감정이 끓어오르면 모작도 하였는데 아마도 그것이 내가 글을 쓰게 된 가장 최초의 계기가 아니었나 생각된다.

그러다 고등학교 2학년 때부터는 미술반에 들어가서 그림을 배우기 시작하였다. 그림을 그려야겠다는 생각도 순전히 '잘할 수 있는 것보다 잘하고 싶은 것'에 대한 호기심의 발로였다. 이 무렵부터 글 쓰는 일과 그림 그리는 일은 나에게 한 번도 그 균형이 기운 적 없는, 같은 비중의 필생의 과업이 되었다. 고등학교 2학년 때는 시를 흉내 내는 일 이외에 소설 쓰기의 흉내 내기에도 제법 재미를 붙였던 것 같다. 여러 편의 단편을 써서 국어과 선생님께 보이면 평을 붙여주곤 하였는데 고등학교 때만 20여 편을 끄적거렸었다. 물론 야외에서의 사생이 위주였지만 그림 그리는 일에도 열정을 쏟았다. 지금 와서 그 시점을 돌이켜보면 두 가지 모두 잘했던 것 같지는 않고 잘하려고 하는 열정만은 남달랐던 것으로 기억된다.

그런데 대학진학을 앞두고 몇 가지 문제가 생겼다. 우선은 집안 사정으로 대학에 진학하는 것 자체를 권하는 사람이 없었고 그 다음은 선생님들의 뜻으로 시험이나 한번 쳐봐야 하지 않겠느냐는 권유였는데 문학과 미술 가운데 어느 쪽으로 선택할 것인가도 난제였다. 나는 결국 좋은 문학작품을 쓰려면 국문학과보다 미술대학이 좋을 것 같다는 권유에 따라 영남대학교 미술대학에 입학하게 되었다. 사생을 중심으로 한 그림은 그렸지만, 입시 미술은 하나도 준비하지 않았기에 가까스로 합격할 수 있었던 것이다. 준비하지도, 준비할 상황도 아니었던 입학이었지만 포기할 수가 없어서 힘겹게 대학 생활을 시작하였다.

잘할 수 있는 일보다 하고 싶은 일로

비록 얼결에 선택하게 된 대학 생활이었지만 나에게는 인생의 가장 소중한 길라잡이를 해주게 되는 스승을 만나게 된다. 가장 먼저 대한민국 예술원 회장을 역임하신 한국화가 민경갑 선생님을 만나게 되었고 같은 시기에 시조 연구가 심재완 박사를 만나는 행운을 얻게 되었다. 또한, 같은 시기에 학교와 직접적인 관련이 없지만, 학교 도서관이 연결해 준 시조 시인 이영도 선생님을 만나는 영광을 누릴 수 있게 된 것이다. 민경갑 선생은 한국화 지도교수로 모시게 되었고 심재완 선생은 서예 강좌를 통해서 지도를 받게 되었다. 그리고 내 생애에 가장 큰 영향을 끼치신 이영도 선생님은 도서관에서 읽었던 잡지에 실린 시조 한 편으로 사제의 인연을 맺었다. 세 분 모두 대학 시절의 젊음을 송두리째 바쳐 열정을 불태울 충분한 동기를 유발하셨고 예술인으로, 학자로서 몸소 최선의 실천을 보여주셨다.

그중에서도 이영도 선생님과의 만남은 조금 남다른 데가 있다. 대학교 1학년이던 1972년 겨울 무렵 도서관에서 내 눈을 의심할만한 시 한 편을 발견하였다. 내 기억이 맞는다면 아마 시사 교양지였던 것 같은데 거기서 화전민을 소재로 한 이영도 선생님의 시조였다. 집에 돌아와서도 그 작품이 머릿속을 떠나지 않아서 며칠을 두고 묻고 물어 선생님의 서울 주소를 알아내었다. 그리고는 곧장 편지를 썼다. '선생님의 시조를 읽고 마음을 가라앉히지 못하고 편지를 쓰게 되었는데, 선생님께 시조를 배우고 싶으니 살펴주십사'하는 내용이었던 것 같다.

한 달쯤 지난 어느 날 정말로 선생님의 답장이 왔다. '젊은 학생이 시조를 쓰겠다니 장한 일이다. 머잖아 대구의 어머니 댁에 어머니 목욕시켜드리러 내려갈 예정이니 그때 전화하라'시며 이호우 선생님의 집

전화번호를 적어 주셨던 것 같다. 선생님께서 유일하게 기억하시는 장소라며 안내해 준 곳이 대구역에서 멀지 않는 〈회전다방〉이었다. 한 시간쯤은 일찍 나가서 2층 창가에 자리를 잡고 앉아 창밖을 내다보았다. 그때 큰길 건너 쪽에서 한 무리의 시선을 쓸어내며 마치 흰 공작처럼 걸어오시는 모습이 보였는데 나는 직감적으로 선생님이라는 것을 알았다. 나는 입구까지 쫓아 내려가서 혼자 오신 선생님을 맞았다. 시종일관 미소로 자식뻘보다도 더 어리고 아둔한 내 마음을 어루만져 주셨다.

그 자리에서 선생님은 바닷가 물거품이 수수만년 돌과 부대끼어 조약돌을 만들어낸다는 이야기와 딱딱한 대밭을 뚫고 올라오는 연약한 죽순의 용기를 배우라는 말씀을 해주셨다. 과연 누가 이렇게 이영도 선생님께 특강을 받을 수 있겠는가. 시조를 배우겠다고 해서 이 만남이 이루어졌지만 알아듣지도 못하는 시조 대신 사람이 어떻게 살아야 하는가를 일깨워준 시간이었다. 한 시간 남짓한 이 귀한 시간이 그러나 내 생애의 중요한 목표를 세워주게 될 줄은 생각하지 못했다.

나에게 필생의 과제가 될 시조는 이렇게 다가온 것이다. 그날 이후로 나는 시조에 미쳐갔다. 한 달에 한 번은 선생님께 편지로 지도를 받았고 한 번쯤은 토요일 밤차로 직접 서울에 올라갔었다. 내가 다니던 학교가 있는 경산에서 밤 아홉 시경 군용열차를 타고 새벽 여섯 시쯤 용산역에 도착하였다. 정상적으로 가면 그렇고 어떤 때에는 열 한 시간이 걸린 적도 있었다. 군용열차이다 보니 민간인이 탈 수 있는 객실은 세 칸밖에 없어 어떤 때는 밤새도록 서서 간 적도 있고 또 증기기관차이다 보니 터널을 지날 때마다 석탄 연기가 옷에 시커멓게 묻어나기도 했다. 그렇게 새벽에 도착하여 역사에서 시간을 보내다가 마포구에 있는 선생님 댁으로 두 번 버스를 바꿔 타고 열 시경에 도착하였다. 선생님이 교회 예배를 하러 가시는 열 한시까지 개인지도를 받을 수가 있었다.

아무튼, 나의 시조 공부는 그렇게 시작되어 자기 해소와 관념의 굴레를 조금씩 벗어나기 시작해서 졸업하던 해인 1976년 한국일보 신춘문예에 당선되었다. 그러나 그 기쁨도 잠시, 이영도 선생의 급작스러운 운명으로 한순간에 모든 인연이 끊어지고 말았다. 그때 마침 시골 중학교에 처음으로 부임하여 잠시 모든 연락이 끊어지는 통에 선생님의 운명 소식은 한참이나 지난 뒤에야 알 수 있었다. 얼마나 안타깝고 죄스러웠던지 그 후로 나는 선생의 10주기, 20주기, 30주기, 40주기, 탄생 100주년 등 기념의 해를 잊지 않고 반드시 챙겼다.

문학을 하겠다는 결심으로 들어간 나의 대학 생활은 화가의 길이라는 또 다른 유혹 앞에서 곡절을 피할 수가 없었다. 처음에 내가 생각한 문학은 소설을 염두에 두었기에 대학 2학년까지 4, 50편의 소설을 썼고 더러 교지나 학교신문에 발표하기도 하였다. 그런데 학습과제로 그린 그림들을 팔아서 학비로 보탰으니 그림에 몰두하지 않을 수 없었다. 민경갑 선생은 대학 생활 내내 내가 그린 그림들을 학교 측에서 사들이도록 도와주셨고 나는 그 돈을 학비에 보태었다. 그런 덕택에 불행하게도 나는 대학 시절의 그림들을 대부분 가지고 있지 못하다. 게다가 소설 쓰기가 시간상으로 매우 부담스러워 수필로 바꾸었는데 3학년 때는 월간 《시문학》지에서 공모한 〈전국대학생 에세이 모집〉에서 당선이 되기도 하였다. 또한, 대학 내 문예반을 창립하고 박철희 교수를 지도교수로 모시고 반장을 맡은 일도 평생 문학의 기반을 구축하는 디딤돌이 되었다. 아무쪼록 나의 대학 생활은 신춘문예에서 시조가 당선되고 대한민국 국전에서 대학생으로서 입선하는 등 두 장르 중 하나를 선택하지 못한 채 끝이 났다.

직장인에서 예술인으로

나는 순위 고사라는 시험을 거쳐 청송의 한 벽지 중학교에 부임하였다. 시골 어린이들과 뒹굴며 젊음을 함께 한다는 일이 여간 보람 있는 일이 아니었다. 일부러 자취생들과 함께 생활하면서 눈높이를 맞추려고 노력한 끝에 공부에서나 운동에서 두각을 보이는 학교로 바뀌어 갔다. 하지만 그렇게 학교생활에 빠져들면 들수록 나로서는 그림과 글을 써야 한다는 강박관념에 시달리지 않으면 안 되었다. 하는 수 없이 3년 만에 학교에서 물러나 본격적인 그림 공부와 문학 수업에 진력하였다. 학교생활에서의 안정감보다 청춘이 쏟아야 할 열정에 더욱 이끌렸기 때문이다. 말하자면 가두리 양식장에서 탈출한 물고기처럼 대책 없이 강물에 뛰어든 꼴이었다.

그러는 사이 결혼도 하고 아이가 태어났다. 대학원을 나와 몇몇 대학에서 강의를 맡기도 하였지만 그림 작업에 필요한 화구를 사기에도 부족하였다. 생계는 중등학교에 재직 중인 아내에게 떠맡길 수밖에 없었다. 하는 수 없이 화실에서 수강생들을 받아 미술대학에 진학시킨다거나 화가의 길로 이끄는 길라잡이가 되었다. 그러는 사이에도 문학과 미술을 분리하여 한쪽을 선택해야겠다는 생각은 한 번도 해본 적이 없었던 것 같다. 부담이 2배로 가중된다는 것을 느끼면서도 그럴 조치를 하지 못한 데에는 아마도 두 가지 중 어느 것에도 자신이 없었던 탓이 아닌가 생각되기도 하였다.

등단 10년째인 1985년 첫 시조집 『설잠雪岑의 버들피리』를 출간하여 비로소 시인으로 얼굴을 내밀었다. 시조집 제목의 '설잠'은 매월당 김시습의 법명이다. 계유정난이라는 윤리 붕괴와 반역의 참상을 목격한 김시습이 불의와 타협하지 않고 승속을 넘나들던 자아실현 의지를 담아내고자 한 작품이다. 당시 내 가슴의 한편에는 부조리한 세상사에 분노하며 은인자중하던 김시습의 모습에 은근슬쩍 등을 기대고 있었다는 방증일지도 모르겠다. 그 무렵 나는 과거의 역사적 사실에 상당한 흥미를 갖고 있었다. 그 무렵 역사 인물들 가운데 내가 흠뻑 빠져든 이름을 들어보면 매월당 이외에도 구도자인 원효, 다산 정약용, 추사 김정희, 홍범도를 비롯한 의병, 까치호랑이를 그린 민중 화가들이 곧 그들이다. 나는 감히 이들을 나의 정신적 스승으로 삼았던 것이다.

그 가운데서도 원효가 부르짖은 화쟁和諍이나 일심一心, 무애無碍의 여러 흔적은 자칫 나를 머리 깎은 스님으로 만들 뻔하였다. 원효가 남긴 수많은 흔적을 찾아다니다 연작 시조로 구성된 시조집 『불이의 노래』를 내기도 하고 좀 더 지난 일이지만 연작시조집 『원효』를 발간한 배경이기도 하다.

나의 문학, 나의 인생

비슷한 시기인 1984년 시조를 향한 나의 또 다른 모험은 〈오류동인〉의 결성이라는 실천으로 나타나게 된다. 노중석, 문무학, 민병도, 박기섭, 이정환 등 5명으로 구성된 〈오류동인〉의 결성목표는 시조를 민족문학의 중심에 자리매김하는 일이었다. 창작은 물론 시조 문단을 형성하고 있는 불합리하고 부조리한 환경을 정리하여 품격 있는 시조의 중흥을 꾀하고자 하였다. 당시 오류가 민족시의 본류이자 종가요 종손격인 시조에 내린 진단은 산업혁명의 위세를 앞세운 서구의 자유시 유입으로 극도로 위축된 채 진로를 잃은 혼돈을 거듭하고 있다는 것이었다.

〈오류〉는 10년간 매달 한 차례 모여서 시조와 시조단을 진단하고 나름의 처방을 내렸다. 모방이나 구태의연한 작태를 비판하고 조직이나 시상제도를 악용한 비리의 척결 등 비판의 날카로움은 해가 갈수록 더욱더 섬뜩해져 갔다. 한 번도 제대로 된 비판을 겪어보지 못한 시조단을 일정 부분 긴장하게 만드는 데는 성공하였으나 동인 모두가 창작을 중심에 두고 있다는 상황이 한계로 10년 만에 동인지 10집과 선집 한 권을 내는 것으로 시조단의 이면으로 사라져 갔다. 비평을 함께하지 못한 시조의 속성상 매우 이례적인 동인 활동으로나마 족적을 남긴 셈이다.

물론 나는 시조를 쓰는 일 외에 그리던 그림이 지필묵이 중심인 한국화, 특히 산수화였기에 지역색이 다른 자연을 찾아다니며 사생하는 훈련을 수십 년 거듭하였다. 흔히들 하는 말로 한라에서 백두까지의 산천은 말할 것도 없고 중국의 황산이나 황하, 양쯔강을 수도 없이 실사하였다. 그러면서 자연스럽게 노자의 '도법자연'과 장자의 '소요유逍遙遊'의 사상적 감화를 뿌리칠 수 없었다. 아마도 '노장사상'이 종교였다면 나도 쇠나 맹신도가 되었을 것이다. 이런 사상적 동화는 그림에도 영향을 끼쳤겠지만, 특히 시조에서 사유를 끌어들이고 시각적 구도와 공간적 질서를 형성하는 원천이 되었다.

이처럼 역사와 자연과 사상을 읽고 진단하다 보면 처방과 실천에 대해 아쉬움이 생겨나기 마련이어서 나 역시 갖가지 단체 일을 많이 맡기도 하고 또 만들기도 하였다. 문학 쪽이나 미술 쪽 모두에서 다양하게 단체장의 역할을 하였지만 나는 지금도 풀리지 않는 의문이 어떻게 내가 그런 일들을 하였는지 이해가 되지 않는다. 사실 나는 매우 내성적이고 나서는 것을 싫어하지만 반면에 해야 할 일을 외면하고 지나치는 일은 더욱더 용납이 안 되었을 뿐이다. 하지만 거기에도 일정한 가드라인을 설정하지 않으면 안 되었다. 내가 흔히들 하는 말로 생활이 안정적인 가두리 양식장을 벗어난 목적이 창작이었기에 글 쓰는 일과 그림 그리는 일에 큰 지장이 된다고 판단되는 일은 절대 맡지 않는다는 결심이었다. 그리고 가까스로 나는 그 결심을 지켰다.

지금도 계간 《시조21》 발행, 이호우·이영도시조문학상 운영, 사단법인 국제시조협회 이사장, 예술 공간 〈목언예원〉 운영 같은 일들을 주도하고는 있지만 내 작품 활동에 지장을 주지 않는 범주의 것들이다.

아주 작은 시골에서도 나라를 대표하는 시조창작의 촉진제가 되는 시조 잡지를 만들 수 있다는 생각에서 시작한 《시조21》 발행은 올해로 20주년을 맞는다. 경제적으로는 적잖게 부담되는 일이었지만 지금은 최고 권위의 잡지로 자리매김하고 있다. 이호우·이영도 시조문학상 역시 시조문학상의 오누이 시인의 시 정신을 계승하고자하는 뜻과 시조문학상의 권위를 확립하자는 취지를 살려 설계에서부터 참여하여 30년이 넘는 지금까지 그 일을 맡아오고 있다. 게다가 항상 최고의 상금을 확보하여 시조문학상의 권위와 품위를 주도해 오고 있기도 하다. 또 한 가지 근년 들어 집중하고 있는 관심사는 민족시인 시조의 국제화 작업인데 이 사업을 추진하기 위하여 법인을 설립하고 격년제로 〈청도 국제시조대회〉를 개최해 오고 있다. 이 행사를 계기로 지금까지 10권 이상의 번역 시조집을 발간하였고 우선 한, 중, 일 삼국의 정형시 교류에 집중하고 있다. 아마도 이런 일들은 필생의 사업이 될 것이다.

앞으로는 그간 수집해온 시조 문학 자료들을 정리하여 문학관을 세우는 일이 하나 더 남아 있다. 이미 상당 부분 진척이 있어 머잖아 가시화되리라 여겨진다. 이 일은 아마도 서양문물에 범벅이 된 채 역사의 후미에서 자라나고 있는 새로운 주인공들에게 민족시의 자긍심을 잇게 하는 일이 될 것이다.

시조, 100년 뒤를 생각하며

시조는 정형성이 생명이다. 굳이 '정형성'이라고 말하는 뜻은 한시나 하이쿠와 같이 고정불변의 자수형 정형을 고수하는 것이 아니라 가변성을 지닌 정형을 취하고 있기 때문이다. 말하자면 정형의 율격에 불가피한 자유를 창조적으로 수용한 모습이라 하겠다. 그런데 자유시가 노입되면서 이 '불기피한 자유'의 범주가 확대되고 인쇄문화의 보급에 따른 시각적 배려라는 명분의 행갈이가 심화하면서 시조의 정체성 위기에 까지 몰리기도 하였다.

하지만 시조를 선택하고자 하는 이들은 이 잠깐의 혼란에서 시조에 대한 곡해를 선택하지 말아야 한다. 수수만년 도도하게 흐르는 강이 잠시 범람한다고 그 강이 바다가 되지는 않는다. 물이 빠져나가고 나면 강은 본디의 모습으로 돌아가기 마련이다. 물론 인간의 형이상적 선택문화의 하나인 시조가 자연의 섭리와 일치한다고 단정할 수는 없다. 그러나 동시대의 사람들에 의해서 선택되고 있는 한 섣불리 들판을 강으로 생각하고 치어를 풀 필요는 없는 것이다.

또 한 가지 시조를 바라볼 때 놓치지 말아야 할 생각은 오늘의 시조는 조선조의 고목이 아니라는 점이다. 시조가 고려조로부터 조선조에 이미 전성기를 보낸 고목이라는 생각은 잘못이다. 지금 우리가 받들고 기리고자 하는 시조는 무형문화재가 아니라 이 시대에 살아 숨 쉬는 문화유산이기 때문이다. 무형문화재도 전승의 방법을 취하는 마당에 인류문화유산이야 말해 무엇하랴. '시조'라는 유전인자를 고스란히 물려받아 그 그릇에 날마다 새롭게 변화되는 세상사를 담아내고 있으니 말이다.

게다가 우리의 말, 한글문학이 아닌가. 우리말을 표기할 한글이 창제되기 전부터도 불리었고 심지어 남의 글을 빌어 표기해두었다가 다시 한글로 복기한 거룩한 문화사였으니 그 고결한 품격이야 말해 무엇하랴. 따라서 한글이 우리네 정신을 온전히 계승하는 수단으로 남아 있는 한 시조 또한 현재진행형임에 틀림이 없다.

물론 나에게 그 같은 시조는 지식과 문명에 흩뜨려진 나의 본성을 찾아가는 수단이자 방편이었다. 처음에는 나를 위해서 시조를 선택하였지만, 차츰차츰 시조를 위한 시조를 써야 한다는 생각으로 바뀌었다. 가능하다면 나 자신이 시조를 위한 도구이기를 기대하는 것이다. 지금껏 내가 기울여온 시조 바로 세우기의 모든 노력은 다가올 미래의 건강한 시조 숲을 만드는 일에 다름이 아니다.

다가올 100년 뒤의 시조의 건강성을 생각한다면 지금부터라도 건강한 농사법으로 다가서야 한다. 되도록 자생력을 키워주되 흙을 비옥하게 할 퇴비가 필요하다. 무분별한 화학비료나 가지치기로 우선의 욕심을 채운다면 정상적인 생명력을 이어가기가 어렵다. 가뜩이나 이 땅에는 이미 많은 귀화 식물들이 토종을 밀어내고 자연환경을 심각하게 잠식하고 있지 않은가. 농약을 뿌리지 않고도, 또 가지치기하지 않아도 천년을 사는 은행나무들이 있다. 다시 100년이 지나도 외세에 물들지 않고 이 땅의 주인인 시조의 숲을 가꾸고 싶다.

자선 대표 시조

오직 한 사람

세상의 모든 꽃이
내 것일 필요는 없다

세상 모든 사람이
다 내 편일 필요도 없다

눈 감고 서로를 보는
너 하나도 너무 많다

낙화落花

꽃이 지고서야 나는 문득, 꽃을 보네

네가 떠난 뒤에 비로소 널 만났듯

향기만 남은 하루가 천년 같은 이 봄날

자선 대표 시조

별 · 2

날 저문 꽃그늘에서 전화번호를 지운다
한 때를 설레게 한 떠난 그대, 보낼 이름
놓아준 이름이 가서 하늘 높이 반짝인다

자선 대표 시조

한때, 꽃

네가 시드는 건
네 잘못이 아니다

아파하지 말아라
시드니까 꽃이다

누군들 살아 한때 꽃,
아닌 적 있었던가

자선 대표 시조

봄비

받침도 빼먹은 채

삐뚤삐뚤 써 내려간,

가다간 힘도 부쳐

그리움에 주저앉아

창가에 몰래 두고 간

어머니의 짧은 편지

어떤 통화

어둑어둑 날이 저문
운문사 공중전화

볼이 젖은 어린 스님
한 시간째 통화중이다

등 뒤엔 엿듣고 있던
별 하나가 글썽글썽

자선 대표 시조

들풀

허구한 날 베이고 밟혀
피 흘리며 쓰러져놓고

어쩌자고 저를 벤 낫을
향기로 감싸는지…

알겠네 왜 그토록 오래
이 땅의 주인인지

댓잎

칼을 간다 깊은 밤중에
달빛을 뿌리며 간다

누구를 치겠다고
병법兵法마저 뒤적이는지…

두어라 밤마다 치솟는 적의敵意,
서걱서걱 잘라낸단다

자선 대표 시조

폐선

뜨겁게 끌어안았던
강물을 뒤로 한 채

달빛만 가득 싣고
생을 마친 폐선 한 척,

자신이 건너갈 것도 아니면서
강을 놓지 못하네.

자선 대표 시조

삶이란

풀꽃에게 삶을 물었다
흔들리는 일이라 했다

물에게 삶을 물었다
흐르는 일이라 했다

산에게 삶을 물었다
견디는 일이라 했다

자선 대표 시조

참꽃

형 대신 징용 갔을
그 산길에 곱던 참꽃

올해도 어김없이
절며 오네 혈서처럼

남아서 부끄러운 사람,
한 명 한 명 안부를 묻네

길

새벽 두시, 취한 내 영혼을 부축해 와서

초인종을 눌러주고는 돌아가지 못한 길 하나

밤 새워 비를 맞으며 기다리고 있구나.

자선 대표 시조

아침노을

밤비에 플라타너스
인도 위로 쓰러졌다

행인들은 아무 말 없이
꺾인 가지를 밟고 지나고

노을이 작은 손수건 하나를
그 이마에 덮어 주었다

목련

그리움을 건너기란
왜 그리 힘이 들던지

긴 편지를 쓰는 대신
집을 한 채 지었습니다

사흘만 머물다 떠날
저 눈부신 적멸의 집.

자선 대표 시조

붓

누천년 날을 세워 마음 곳간 지켜 와도
엽전과 창칼 앞에 허리 한 번 굽힌 적 없네
이 땅의 새벽길 밝힌 칼보다도 시퍼런 붓

별 · 1

아버지 베옷 입고
하늘 길 떠나시며

내가, 맨발인 내가
따라오지 못하도록

평생의 빈 소주병 부숴
천지사방 뿌리셨네

자선 대표 시조

마침표

힘겹다고 함부로
마침표 찍지 마라

그리움도 설레임도
낡고 삭아 지겹지만

끝나도 끝나지 않은,
상처 안에 길 있으니

은하수

북만주 홀로 갇힌
마른 울음 들리는 밤

신발을 벗어들고
새벽하늘 걷노라면

대꽃 핀 마을로 갔나
뼈가 허연 발자국…

자선 대표 시조

입춘

볼 야윈 새 한 마리
앉았다 간 빈가지 끝

참아온 미소처럼
매화꽃이 터진다

도대체
어떤 경전을
읽어주고 간 걸까

자선 대표 시조

너무 큰 집

적막에 턱을 괴고
살구꽃 환한 봄날

혼자 남은 아버지가
바가지에 쌀을 씻는다

이승의
남은 집 한 채,
새소리도 끊겼다

자선 대표 시조

그대 안에

흔들리는 날에는
가슴에 나무를 심었다

더욱 흔들리는 날엔
나무 안에 나를 심었다

촛불을 삼키고 섰는
그대 안에 별을 심었다

자선 대표 시조

매

늦은 매 한 마리
까치에게 쫓기고 있다

그 설마 떼거리로
까치가 덤빌 줄이야

새끼가 무안할까봐
절룩이며 나는 매

자선 대표 시조

진달래꽃

문수선원 가는 길에
한 동자童子를 만났네

개울물을 건너가자
홀연히 제 몸 흩어

적막에 불을 붙이네
길도 절도 다 태우네

무량수전

한 평생 지게질로
적막 한 채 지을거나

꽃이 피면 꽃밥 짓고
달이 뜨면 달술 빚어

가부좌 틀고 앉아서
죽어도 죽지 않는,

자선 대표 시조

귀거래사
—횡재

전세 값과 화선지 값, 쌓이는 책 감당 못해
시골로 이사하면서 나도 부자 되었네
별 열 말 물소리 천 섬, 덤으로 온 달빛 만평

무인도

왜 여태 몰랐을까
나 또한 섬이었음을

그리움 후송해갈
배 한 척도 오지 않고

파도에 마음 베이는
뼈 하얀 저 무인도

자선 대표 시조

물소리 동거

낙향 사흘 만에 그녀를 처음 만났네

월담한 달빛보다 목이 길고 손이 하얀,

스무 해 손잡지 못해도 아직도 늘 '첫'이네

운문사

구름의 문을 열고
적막을 기둥 세워

잠 못 드는 물소리에
무릎 꿇은 절집 있어

달빛을 닮은 사람만
문지방을 넘는다.

자선 대표 시조

봄맞이

실바람, 야윈 햇살,
무릎 모아 앉혀두고

청매화 피는 소리
귀를 세워 듣는다

먼 초당 먹 가는 소리,
사각사각 듣는다

자선 대표 시조

우산

너를 만날 때마다
내가 너를 울게 한다

나 대신 젖는 마음
헤아리지 못했거니

내 생애 한 번만이라도
너를 위해 젖고 싶다

자선 대표 시조

일어서는 풀

혼자서 눈을 뜨고 혼자서 일어선다
이 땅에 남은 한 뼘 흙바람 재울 때까지
허기와 어깨동무하고 붉은 해를 섬긴다

뜨거운 목울음은 뜨거운 채 묻는다
바람에 엎어져도 또 바람을 기다리며
한사코 무명無名을 닦아 아픈 꽃을 피운다

신발 자국 환하도록 밟히고 또 밟혀도
사초史草의 행간 그 어디 얼씬하지 못하지만
새벽 닭 울기도 전에 너는 다시 일어선다

자선 대표 시조

고장 난 시계 안에는 고장 난 시간이 없다

소풍이 끝났는가 시계가 멈춰 섰다
째깍째깍 함께하던 시간의 간이 숙소
은밀한 나와의 약속, 아랑곳하지 않는다

고장 난 시계에는 시간의 흔적이 없다
눈물의 그리움도 숨 막히던 꽃도 지고
솔개가 정지비행하는 들판처럼 적막하다

제 갈길 물고 날던 흰나비는 어디 갔나
어머니 가신 방에 영정사진 환하지만
고장 난 시계 안에는 고장 난 시간이 없다

자선 대표 시조

선운사에서

때늦은 꽃맞이에 대웅전이 헛간이네
부처 보기 민망한 시자(侍者)마저 꽃구경 가고
절 마당 홀로 뒹구는 오금저린 풍경소리

무시로 생목 꺾어 투신하는 동백꽃 앞에
너도 나도 돌아앉아 왁자하던 말을 버리네
짓다 만 바람집 한 채 그마저도 버리네

비루한 과거 따윈 더 이상 묻지도 않네
저마다 집을 떠나 그리움에 닿을 동안
오던 길 돌려보내고 나도 잠시 헛간이네

자선 대표 시조

돌을 읽다

저문 날 강에 나가 징검돌을 건너다보면
세상 어떤 문자도 범접 못한 경전이 있어
누군가 물속에 숨어 지줄지줄 읽어 주었다

꽃이 피고 새가 울고 달이 지고 날이 새고
바람에 흔들리느니 차라리 생살 깎아
시간의 지문에 갇힌 깊은 고요, 환하다

보지 않고 듣지 않고 알지 않고 말하지 않고
날마다 길을 버리면 스스로 길이 되나
밑줄 친 행간에 감춘 한숨마저 읽었다

자선 대표 시조

붓을 읽다

한 시대 붉은 족적 침묵으로 증언하는
붓, 너는 열린 귀다 아니다 닫은 입이다
칼보다 서슬 시퍼런 비폭력의 권력이다

사초의 어느 한 획 네 생각 묻었으랴만
남의 글을 빌려서 써내려간 비의秘意앞에
칼 든 자 칼을 거두고 냉큼, 납작 엎드린다

낡고 닳아 버리려던 붓을 도로 씻어서
역사의 빈 시렁에 내 공손히 얹나니
피 묻은 민중의 소리 끌어안을 그날까지

자선 대표 시조

별책 부록

내 꿈의 두리기둥, 휘어진 지 이미 오래
별궁의 솟을대문 그마저도 버렸지만
민초의 시린 등 녹일 화목火木이면 어떠랴

그나마 죄가 깊어 아궁이 싸늘하고
새벽 또한 너무 멀어 다시 먹을 가느니
지금은 부록의 시간, 별책이 제격이다

오두막의 달빛처럼 조가비 속 진주처럼
빽빽한 주장만으로 숨 막히는 본책 보다
어둠에 별 더 빛나는 후기를 쓰고 싶다

자선 대표 시조

나무의 말

너무 멀리 왔나 허공에 놓인 사다리
내 다시 길을 잃고 마른 땀에 젖는 것은
함부로 나무의 말을 흘려들은 까닭이다

해와 달과 비와 바람 품고 때로 받들어서
그 어떤 서책에도 싣지 않은 초록 행간,
철따라 밑줄을 긋고 소리 낮춰 읽었던

나무인들 웃자라는 생각 하나 없었으랴
칼바람 천둥을 재운 나무 아래 살면서도
선채로 천리를 읽는 묵언설법, 놓친 죄다

자선 대표 시조

눌연訥淵*에서

한눈 한 번 팔지 않은 삶을 본 적 있던가
흐느낌에 걸터앉아 개연 하나 피워놓고
일부러 물길을 놓쳐 들메끈을 죄는 강

말 한 번 더듬지 않고 어찌 달변에 이르며
서책을 덮지 않고 도道는 언제 구하랴
절명시 행간을 비껴 수심마저 재는 낮달

*눌연 : 운문구곡의 제 1곡. 청도 선암서원 아래에 있는 강변 연못으로 연대가 확인
 (1536년)된 최초의 구곡가 탄생지이다.

자선 대표 시조

양잿물 사분

어머니는 양잿물로 사분을 만드셨다
보릿겨 서되 으깨면 독한 사분이 열장,
두어 번 쓰윽 문질러도 오진 때가 빠졌다

60년째 어머니는 그 사분을 보내주신다
날마다 내 머리맡에 반듯하게 놓아두고
옷깃에 묻혀온 때를 말끔히 씻으라며

시간의 지문들이 닳으면 닳을수록
뽀득뽀득 윤이 나는 어머니는 사분이다
뼈마저 뭉그러뜨려 자식의 때를 씻는

*사분 : 비누의 경상도 사투리

자선 대표 시조

낭패

부축 받아 뒤깐 가던 아버지가 서서 지렸다
백 마리 낭패 앞에 선, 사전에도 없는 표정
내 생애 가장 뜨거운 침묵의 순간이었다

깨진 알이 흐르듯 신발에 고인 바다
드센 풍랑에도 바람 올올 무지개 걸던
아버지 섬으로 서서 내 손 가만 놓았다

*낭패 : 중국의 전설에 나오는 동물이다. 낭狼은 뒷다리 두 개가 아주 짧은 동물이고 패 狽는 앞다리 두 개가 아주 짧은 동물이다. 이들 둘은 항상 함께 붙어 다녀야 먹이를 구 할 수 있으나 서로의 생각이 맞지 않으면 꼼짝도 할 수가 없다. 이런 경우 '낭패'를 보 았다고 말한다.

자선 대표 시조

낫은 풀을 이기지 못한다

숫돌에 낫 날 세워 웃자란 풀을 베면
속수무책으로 싹둑! 잘려서 쓰러지지만
그 낫이 삼천리 강토의 주인인 적 없었다

풀은 목이 잘려도 낫에 지지 않는다
목 타는 삼복 땡볕과 가을 밤 풀벌레 소리,
맨살을 파고든 칼바람에 울어본 까닭이다

퍼렇게 벼린 낫이여, 풀을 이기지 못하느니
낫은 매번 이기고, 이겨서 자꾸 지고
언제나 풀은 지면서 이기기 때문이다

자선 대표 시조

앉은뱅이꽃

그대여, 발에 차인 돌이었나 싶은 날은
그리움을 더듬어 간신히 불을 켠 채
바람에 먼 길을 묻는 앉은뱅이꽃을 보아라

아무데나 자리 깔아 밟히고 뭉개져도
꽃잎 속 숨은 햇살과 물소리를 받들어서
흙 한 줌 꽉 움켜잡은 아픈 삶을 보아라

슬픔도 닦아두면 창가로 가 별이 되지
어둠이 깊을 때마다 형용사로 돌아와서
저렇듯 멍이 들어도 고운 꿈을 보아라

자선 대표 시조

광장에서

구급차를 따라가며 또 하루가 저물고
시간이 멈춰버린 시계탑에 눈이 내린다
아마도 짓밟힌 꽃잎을 덮어주려나 보다.

하나 둘 모여드는 얼굴 없는 군중 사이
바람은 돌아와서 제 과거를 닦는지
찢겨진 현수막 앞에 공손히 엎드린다.

"광장을 닫으려면 자유도 함께 닫아라"
누구도 소리 질러 외치지 못했지만
허공을 떠돌고 있는 뜨거운 목소리들.

그 누가 침묵 더러 가장 큰 소리라 했나
하나 되기 위하여 건네주는 촛불 속에
밟혀도 밟히지 않는 발자국이 보인다.

자선 대표 시조

저무는 강

옷깃에 몰래 묻은 흙먼지를 털어내듯
또 한 해를 내다버리고 빈손으로 돌아오면
허전한 가슴 한쪽을 가로질러 저무는 강.

물에 발을 묻는다고 그리움이 삭겠냐만
지는 해와 강도 함께 떠나보낸 물오리 떼
퍼렇게 멍들고 지친 물소리를 닦고 있었다.

어둠 앞에 흔들리는 서로의 손을 잡고
불 켜진 낯선 마을로 흘러가는 저 강물처럼
노래를 뼈에 묻으면 삶도 다만 긴 느낌표.

자선 대표 시조

동그라미

사는 일 힘겨울 땐 동그라미를 그려보자
아직은 아무도 가지 않은 길이 있어
비워서 저를 채우는 빈들을 만날 것이다

못다 부른 노래도, 끓는 피도 재워야하리
물소리에 길을 묻고 지는 꽃에 때를 물어
마침내 처음 그 자리 홀로 돌아오는 길

세상은 안과 밖으로 제 몸을 나누지만
먼 길을 돌아올수록 넓어지는 영토여,
사는 일 힘에 부치면 낯선 길을 떠나보자

백미러

몰랐네, 하루에도 여러 차례 핸들을 잡고
백미러를 보면서도 내 진작 알지 못했네
앞으로 가기 위해선 뒤도 봐야 하는 것을

불빛이 번쩍이고 크락숑이 울릴 때까진
내가 설마 장애물인 줄 짐작하지 못했네
저만치 물러난 구름은 두고 가야 하는 것을

90도 급커브 지나 짐작에도 없던 꽃들이
환하게 피어 있는, 피어서 흔들리는
앞으로 나가기 위해 뒤를 봐야 한다는 것을

삼경三更

초이레, 달도 지고 혼자 남은 이 깊은 밤
이름 없는 화공畵工의 붓끝 따라 흘러오던
강물도 여장을 풀고 지친 하루를 헹군다.

화두話頭를 풀지 못해 가부좌를 고쳐 앉은
산은 여태 길 하나를 꺼내놓지 못한 채
또 다시 묵언默言에 들어 속마음을 숨기고.

용기 있는 자들은 다 어딜 급히 떠났는지
제 발로 와 죄를 고하는 풀벌레 울음소리만
이 땅의 만성 빈혈을 융단처럼 덮는다.

자선 대표 시조

물

걱정 마라, 더럽혀진 그대 손 씻어주마
내력을 알 수 없는 비린내는 몰라도
땀으로 비루한 과거, 굳이 묻지 않으마

누군들 돌아보면 부끄러움 없겠느냐
함부로 멀어져 간 서로 간의 오해를 풀고
역겨운 과거도 불러 내일과 손잡게 하마

마실수록 목이 타는 갈증 또한 염려 마라
칼을 가는 마음으로 세상은 날이 저물고
미움에 근저당 잡힌 그대 영혼, 씻어주마

자선 대표 시조

이름

하나뿐인 이름이라고 다 귀한 것은 아니다
헝겊으로 닦아내고 찬물로 씻는다 해도
한순간 유혹에 빠지면 진창에나 버려진다

들풀이라고 모두 향기로운 이름 아니다
같은 물과 같은 바람, 태양을 섬길지라도
모두가 향기 그윽한 꽃을 피우진 않는다

어떤 이는 일터에서 또 어떤 이는 전장에서
제각기 상처가 고운 이름들을 거두지만
세월은 악취 나는 이름을 닦아주지 않는다

사람들은 저마다 저의 이름을 닦는다
죽어서 사는 이름과 살아서 죽은 이름을
가슴에 새겨두고도 저만 알지 못한 채

자선 대표 시조

흙

어머니는 칠십 평생 흙을 파며 사셨다
손에 흙이 묻어야 목에 밥이 넘어간다며
날마다 빈들을 깨워 온 몸으로 안았다

원하는 3할 치는 밥을 주고 꽃을 주던
세상과의 이별을 위해 어머니가 흙을 놓자
가만히 흙이 다가와 긴 노고를 감싸주었다

언제나 땀에 젖어 하나도 젖지 않은
누군가의 몸이었을, 누군가의 어머니였을
흙이여 너의 몸에선 어머니의 살내가 난다

자선 대표 시조

정거장

그 때 거기서 내렸어야 했다는 것을
기차가 떠나기 전엔 눈치 채지 못했네
창 너머 벚꽃에 취해, 오지 않는 시간에 묶여

그 때 거기서 내렸어야 옳았다는 것을
자리를 내줄 때까진 까맣게 알지 못했네
갱상도, 돌이 씹히는 사투리와 비 사이

그저 산다는 것은 달력에 밑줄 긋기
일테면 그것은 또 지나쳐서 되돌아가기
놓치고 되돌아보는 정거장은 더욱 환했네

자선 대표 시조

보리밟기

봄바람에 뿌리가 들린 보리를 밟는다
문신처럼 드러나는 온 몸의 신발자국,
때로는 혼절의 아픔도 사랑이라 일러주며.

밟으면 꺾어지고 일으키면 누워버리는,
차마 작은 돌 하나도 밀어내지 못하지만
그 속에 물결 드높고 함성 또한 뜨거워라.

꼿꼿이 일어서서 아침 해를 겨누면서
보무도 당당하게 이 땅의 슬픔을 이긴
보리밭, 민초民草의 힘이여! 사투리의 절개여.

정녕 무서운 힘은 창칼도 붓도 아닌
한 근斤도 못 미치는 마음 안에 있는 것
날마다 속을 비우는 저 초록, 꿈을 밟는다.

자선 대표 시조

소쇄원

길은 잠시 머리 숙여 대숲 아래 조아리고
얼마나 앓았던가 오곡五曲문 야윈 물소리
줄 터진 조선 거문고 신음소리 달랜다

바람이야 시나브로 댓돌이나 닦는다지만
묵은 빨래 헹궈 널듯 제월당에 앉노라면
소쇄옹 마른 벼루에 먹을 가는 낮달 하나

생각을 내려놓으면 마음은 만리장천,
뱁새로 살면 어떻고 황새로 살면 어떤가
청매화 맑은 향기가 잠든 산을 깨운다

만파식적 萬波息笛

허구한 날 풍랑에 찢겨 빈 배로 돌아오던
아버지의 화풀이도 병상에서 끝이 났는지
한 생애 오롯이 품을 피리를 깎으셨다

입을 잠가 몸 비우고 말리기를 석 달 열흘,
이윽고 피리구멍처럼 붉은 구멍이 뚫리고
아무도 들어본 적 없는 금빛 소리가 새 나왔다

때맞춰 마른 번개가 지나는가 싶더니
천 길 고요 안에 향기로운 잠이 오고
아버지 낮게 웅크려 하얀 바람이 되셨다

자선 대표 시조

겨울 대숲에서

무명바지 조각조각 허옇게 눈이 남은
겨울 대숲에 서면 서늘한 말씀 들린다
바람이 읽다가 놓친 목민심서 한 구절

나를 비우지 않고 어찌 너를 채우랴
마디마디 갇혀 있는 울음에 귀를 대면
죽간竹簡에 새기지 못한 민초의 피, 뜨겁다

쓰다만 자서전의 쓰다만 목차처럼
서걱서걱 쓰쓰싹싹 읽을수록 캄캄하여
천지간 무릎을 꿇고 혀를 잘근 깨문다

동다송東茶頌

읽을수록 멀어지는 다경茶經* 덮어 밀쳐두고
풍경소리 잠든 사이 산문 넘는 스님 초의草衣,
달려온 새벽 물소리 바랑 끈에 묶는다.

해 돋는 아침이면 해든 새잎 만나리라
뜨거운 피를 삭힌 작설雀舌 저 꼿꼿한 뜻이
빈 잔에 제 몸을 풀어 달빛으로 앉기 전에.

색을 버린 유천乳泉*이며 토산차 어디 있나
물이 물에 닿기 위해 삼천대계 돌아오듯
외진 땅 홀로 걸어서 목숨처럼 닦아온 길.

적소謫所의 낡은 초당草堂 찻물 끓는 소리에
바다가 제 몸 닫아 뱃길을 감추는 밤
홀연히 한 대답 들려 발길 가삐 돌린다.

*다경 : 중국의 육우가 쓴 최초의 다도서
*유천 : 차를 끓이기에 좋은 물. 일지암의 샘물

자객刺客

어둠 깊은 마당가엔 달빛 홀로 서성이고
노숙에서 돌아온 바람의 발자국만
섬뜩한 생각 하나와 실랑이를 벌인다

구절초 흔들리는 고요의 속살 깊이
목 부러진 석불 하나 가부좌를 고치지만
아무도 복면자객의 칼을 보지 못했다

누군들 기다림에 복종하지 않았으리
슬픔의 갈피마다 별도 깜박 잠든 아침
떼구르 모과 하나가 나뒹굴고 있었다

장국밥

울 오매 뼈가 다 녹은 청도 장날 난전에서
목이 타는 나무처럼 흙비 흠뻑 맞다가
설움을 붉게 우려낸 장국밥을 먹는다.

5원짜리 부추 몇 단 3원에도 팔지 못하고
윤 사월 뙤약볕에 부추보다 늘쳐져도
하교 길 기다렸다가 둘이서 함께 먹던…

내 미처 그때는 셈하지 못하였지만
한 그릇에 부추가 열 단, 당신은 차마 못 먹고
때늦은 점심을 핑계로 울며 먹던 그 장국밥.

자선 대표 시조

귀뚜라미

세상의 불이란 불은 모두 다 꺼진 뒤에
달빛 부스러기 풀잎 아래 쓸어 모아
아마도 몰래 숨어서 천주학을 읽는 게야

찌륵찌륵 띠르띠르 아닐 거야 너무 당당해
난리통에 잃어버린 목소리를 되찾아와
여름내 밑줄 그어둔 장자莊子 내편을 읽는 게야

아니지, 책이라고 보기에는 너무 맑아
문자로는 갈 수 없는 하늘 뜻을 읽는 게지
소리로 어둠을 엮어 병든 자의 옷을 입히고…

밤이 깊을수록 천지가 귀를 기울이네
미처 마련치 못한 녹음기를 대신하여
어느새 먼 산의 어깨가 흔들리기 시작하네

겨울 금천錦川

미처 떠나지 못한 길 하나가 물속에 잠긴
겨울 금천錦川에 앉아 물소리로 적막을 씻네
깃 다친 청동새 한 마리 군장軍裝을 벗는 저물녘

비정의 겨울을 온몸으로 증언키 위해
갈대는 선 채로 죽어 쓰쓰싹싹 스크럼을 짜
가늠키 힘든 수심을 거울처럼 밝혀 놓았네

굽이쳐 온 지난날의 못다 아문 상처를 따라
속으로 울음을 삼킨, 삶은 다만 저 물길 같은가
초간본 옛 지도 위로 반역의 뼈도 세우는

후렴뿐인 악보 하나로 강을 지킨 마른 풀들
산 빛을 꺾어 덮고 시린 어깨 뉘일 때
끊어진 징검다리를 건너 첫눈이 오고 있었네

슬픔

가령 봄이 오면 살구꽃이 피겠구나
그 흔한 짐작도 없이 그가 내게 올 때는
골목길 모퉁이마다 등불을 밝혔습니다.

거역해 본 풀잎만이 바람의 속내를 알 듯
내 가만히 찻잔을 닦고 찻물을 끓입니다
어차피 피할 수 없다면 이겨내야 하기에.

달을 인 갈대처럼 잠시잠시 흔들려 와
은빛 그리움으로 가슴 깊이 정좌하는,
슬픔의 상류에 와서 별 하나를 만났습니다.

새벽 강

깊디깊은 잠에 빠진 돌들아, 일어나라
소리치며 흘러가는 새벽 강이 길인 줄을
몰랐네, 유실된 삶의 빈 나루에 이를 때까지.

죽어서 눈을 뜨는 쇠북 아직 울기도 전에
어둠으로 어둠을 덮고 울음으로 울음을 묻어
별빛을 건져 올리는 무수한 저 손놀림….

보아라 세상살이란 새벽 강을 건너는 일
절망도 둑이 넘치면 슬픔처럼 다정해지고
가다가 곤두박히면 또 한 생각 철이 들리라.

그 뜨거운 몸부림도 때로는 안개였음을
몰랐네, 고요에 갇힌 갈대의 흐느낌이
마음에 가두지 못한 밀경密經인 줄 미처 몰랐네.

자선 대표 시조

검결劍訣*

녹두새가 울다 떠난 필사본 유사遺詞* 끝에
피 묻은 발자국을 남겨두고 떠나온 밤
숨어서 차라리 환한 칼의 노래 부른다

서풍 불면 꽃이 핀다 누가 감히 말 하는가
하늘이 기다리나 사람에 짓밟힌 꿈,
역천의 누명에 버텨 벼린 칼을 잡는다

사라져간 이름 불러 '시호시호'* 울먹이다
허공에 휙, 치솟아 객귀客鬼의 목을 치면
달빛도 제 혀 깨물어 하얀 피가 낭자하다

세상은 일체 정적, 숨소리도 끊어진 뒤
벗어둔 옷을 입듯 산허리가 드러나고
발 부은 새벽 물소리 그예 먼 길 떠난다

*검결劍訣 : 동학의 창시자 수운 최제우가 지은 용담유사龍潭遺詞의 마지막에 나오는 가
 사로 일명 '칼 노래'라고도 한다.
*유사遺詞 : 용담유사龍潭遺詞
*시호시호 : 용담유사의 한 구절

가을 삽화揷畵

달빛을 흔들고 섰는 한 나무를 그렸습니다
그리움에 데인 상처 한 잎 한 잎 뜯어내며
눈부신 고요 속으로 길을 찾아 떠나는…

제 가슴 회초리 치는 한 강물을 그렸습니다
흰 구름의 말 한마디를 온 세상에 전하기 위해
울음을 삼키며 떠나는 뒷모습이 시립니다.

눈감아야 볼 수 있는 한 사람을 그렸습니다
닦아도 닦아내어도 닳지 않는 푸른 별처럼
날마다 갈대를 꺾어 내 허물을 덮어주는 이

기러기 울음소리 떨다 가는 붓끝 따라
빗나간 예언처럼 가을은 또 절며 와서
미완의 슬픈 수묵화, 여백만을 남깁니다.

자선 대표 시조

풍경風磬

부처님 출타중인 빈 산사 대웅전 처마

물 없는 허공에서 시간의 파도를 타는

저 눈 큰 청동물고기 어디로 가고 있을까

뼈는 발라 산에 주고 비늘은 강에나 바쳐

하늘의 소리 찾아 홀로 떠난 그대 만행卍行,

매화꽃 이울 때마다 경經을 잠시 덮는다

헛바닥 날름거리며 등지느러미도 흔들면서

상류로, 적요의 상류로 헤엄쳐 가고 나면

끝없이 낯선 길 하나 희미하게 남는다

자선 대표 시조

저 산에

스스로 물러앉아 그리운 이름이 된
산에, 저 산에 향기 나는 사람 있었네
수없이 나를 깨워준 늘 푸른 사람 있었네

법구경을 펼쳐두고 비에 젖는 저 빈 산에
휘젓고 간 바람처럼 가슴 아픈 사람 있었네
드러난 상처가 고운, 눈이 먼 사람 있었네

만나서 빛이 되고 돌아서서 길이 되는,
날마다 내 곁을 떠나가는 산에 저 산 안에
영혼의 맑은 노래로 창을 내는 사람 있었네

자선 대표 시조

눈물의 농도

아버지 미소가 환한 빈소에 둘러서서
나누어 갖지 못한 시간들을 되감다가
저 문밖 통곡에 놀라 등뼈 곧추 세웠다

끼니 들러 시집보내 어려서 떠난 고모
연필 대신 호미 쥐켜 눈물이 밥이던 누이
체면도 아랑곳없이 이승 문간 다 울린다

상처를 감출만한 마음의 붕대도 없이
못 배우고 못 가진 설움, 형색마저 남루한데
어째서 저들의 눈물이 더 뜨겁고 더 진한가

독도獨島

두 눈을 부릅뜬 채 꿈을 꾸는 섬이 있다
그리움도 발이 저린 수평선에 턱을 괴고
함부로 잠들지 않는 영원한 아침이 있다

간담을 파고드는 파도의 드센 칼날에
온몸을 베이고도 하나도 베이지 않고
수줍게 미소를 띠는, 천치 같은 섬이 있다

누가 풀 한 포기 함부로 넘보는가
8할을 물에 묻고도 조국은 목이 타는데
날마다 새벽을 깨워 묵도黙禱하는 섬이 있다

자선 대표 시조

낙동강

눈 밝은 사람조차 요량할 수 없는 날에
반도의 정연한 뼈 서쪽으로 눕혀놓고
가슴에 서늘히 닿아 옷을 벗은 강이 있다

홀연히 나선 길에 꺾어지길 수수만년
낮게낮게 엎드려서 자존마저 짓밟아서
사람과 마을 사이를 가로질러 흐르는 강

막히면 돌아가서 다시 외는 경전처럼
뉘에게도 이기지 않고 뉘에게도 지지 않는
모두가 눈으로 보면서 아무도 보지 못한 강

더러는 고운 새와 붉은 꽃의 유혹에도
찰라의 미동도 없이 눈길 주지 않은 채
돌아서 아픈 시간을 몰래 닦는 강이 있다

마을

어둠들이 짐을 부린 넉넉한 목숨의 성
넘어서면 꽃바람 일굴 수명受命의 여명 아래
너와 나 죄를 벗으며 경작하는 이 가난.

때로는 북소리만 남는 진실 그 자욱마다
먼 지평 낙일落日을 거두며 신앙을 밝혀 뜬 달
한 매듭 구원 밖에서 그 옛날을 태운다.

해바라기 다지는 무심無心, 그 화려한 슬픔에 서면
어둠 머금은 씨알 밝은 애원마저 거부한 노을
맺히는 노래 저 멀리 빛을 심는 물소리.

연보

―민병도 시조집

1. 『설잠雪岑의 버들피리』(1985)
2. 『숨겨둔 나라』−〈가난〉기획, 자유시집, 문예진흥기금 지원 (1989)
3. 『갈 수 없는 고독』−문예진흥원 문학작품창작지원금 선정 (1991)
4. 『무상無常의 집』(1994)
5. 『만신창이의 노래』−〈박우사〉기획, 자유시집 (1995)
6. 『지상地上의 하루』−선집 (1996)
7. 『불이不二의 노래』(1997)
8. 『섬』(1999)
9. 『청동의 배를 타고』−〈태학사〉기획, 선집 (2001)
10. 『슬픔의 상류』−문예진흥기금 지원 (2002)
11. 『마음 저울』(2005)
12. 『내 안의 빈 집』(2008)
13. 『원효』(2010)
14. 『들풀』−문예진흥기금 지원 (2011)
15. 『장국밥』−〈시인생각〉기획, 선집 (2013)
16. 『칼의 노래』(2014)
17. 『청동 물고기』−일역 시조집 (2015)
18. 『한때, 꽃』−중역 시조집 (2017)
19. 『바람의 길』(2017)
20. 『노을이 긴 팔을 뻗어』−동시조집 (2017)
21. 『만파식적萬波息笛』−선집 (2018)
22. 『부록의 시간』(2019)
23. 『은행나무 숟가락』−동시조집 (2020)
24. 『일어서는 풀』−경북 문예지원금 지원 (2021)

25. 『삶이란』 −육필 단시조집 −경북 문예지원금 지원 (2021)
26. 『민병도 문학앨범』 (2022)

―민병도 수필집

1. 『고독에의 초대』 (2005)
2. 『꽃은 꽃을 버려 열매를 얻는다』 (2013)
3. 『강물은 자신을 밟고 길을 낸다』 (2021)

―민병도 평론집

1. 『형식의 해방공간 그 실험의지』 (2002)
2. 『닦을수록 눈부신 3장의 미학』 (2010)
3. 『비정형의 정형화』 (2016)
4. 『시조, 정형성에 대한 새로운 이해』 (2019)

―민병도 화집, 시화집

1. 『매화 홀로 지다』 (2002)
2. 『흐르는 강물처럼』 (2003)
3. 『민병도화집』 (2014)
4. 『민병도 한국화 50년』 (2022)

연보

─수상

제1회 〈한국시조〉작품상
정운(이영도)시조문학상
제1회 대구시조문학상
중앙시조대상 수상
제1회 월간문학 〈동리상〉
가람시조문학상
한국문학상
금복문화상 (문학)
김상옥시조문학상
외솔시조문학상
자랑스러운 경상북도 도민상
대구시전 초대작가상
《미술세계》작가상

─약력

한국문인협회 시조분과회장

대구시조시인협회장

청도문인협회장

한국시조시인협회 이사장

청도예총회장

대구문인협회 부회장

경상북도 문인협회 부회장

한국미술협회 부이사장

대구미술협회장

현, (사)국제시조협회 이사장

 계간 《시조21》 발행인

 이호우 · 이영도문학기념회 회장 (시조문학상 운영위원장)

 도서출판 〈목언예원〉 대표

 민병도갤러리 대표

 (재)모산학술재단 이사

 (재)청도 우리정신문화재단 이사

 시조동인 〈한결〉, 〈목우〉, 〈이목〉 창작지도

 대구미술협회 고문

 대한민국 미술대전, 대구시전, 경북도전 초대작가

 시조전문지 《개화》 발행인

연보

1953년   경북 청도군 청도읍 원정리 1215에서 아버지 閔元植 씨와 어머니 吳德順 씨 사이에 6남매 가운데 장남으로 태어남

1967년   중학교 2학년 때 우연히 김소월 시집 『못잊어』를 얻어서 읽고 외우면서 문학의 길에 관심을 갖게 됨

1969년   청도의 모계고등학교에 입학하면서 부터 시와 소설을 쓰기 시작함

1970년   고등학교 2학년 때 미술부에 들어가 문곤 선생님을 만나면서 그림을 시작함

1972년   독보적인 문학의 길을 찾겠다는 포부로 영남대학교 미술대학에 입학하여 대학신문과 『영대문화』에 「烏署峯 늙은이」를 비롯한 소설을 발표

1973년   대학 2학년 때 丁芸 이영도 선생님을 찾아가서 시조공부를 시작함. 또한 학내에서 酉山 민경갑 선생님을 사사하면서 그림 전공을 한국화로 정하고 국문학자이면서 서예가이신 慕山 심재완 선생님을 만나 평생의 스승으로 모심

1974년   대학 3학년 때 총학생회 산하의 문예반(지도교수 박철희)을 조직하고 반장을 맡았으며 월간 《시문학》에서 주최하는 전국 대학생 에세이 모집에서 당선함. 제1회 경상북도미술대전에서 특선을 하면서 화가의 꿈을 키움

1975년   《현대시학》에서 「낙엽기」로 추천(이영도 선생님 추천)을 받음. 제25회 대한민국미술전람회(국전)에서 입선함

1976년   한국일보 신춘문예에 시조 「마을」이 당선됨. 이영도 선생님 급서 急逝. 영남대학교 미술대학을 졸업하고 〈洛江〉 동인으로 가입하여 1983년까지 활동함

1977년   법정 벽지학교인 청송군 부동면의 부동중학교 발령을 받음(1980년 영양 일월중학교에서 사직하기까지 근무함). 백수 정완영 선생님

사사

1978년　월간《시문학》지에「기러기」로 천료

1980년　중등학교 교사인 李明淑과 결혼, 딸 珍蕙가 태어남. 시조와 그림에 대한 열정으로 교직생활을 청산하고 안동으로 이사하여 본격적인 작가의 길로 들어섬

1981년　영남대학교 대학원을 졸업하고 제8회 경상북도 미술대전에서 동상을 수상함

1982년　영남대학교 강의를 시작으로 안동대학교, 대구예술대학교, 대구대학교 대학원 등에서 미술사와 한국화 실기를 지도함

1983년　아들 志完이 태어남. 경상북도 미술대전에서 금상을 수상하고 수상 기념 후원(경상북도)으로 안동 문화회관에서 첫 번째 전시회를 가짐

1984년　노중석, 문무학, 박기섭, 이정환 등과〈五流同人〉을 결성하고 창간호『바람도 아득한 밤도』를 펴냄. 이후 1994년 제10집『산밑에 와서』와『五流선집』을 펴내기까지 동인으로 활동함. 경상북도 미술대전에서 동상을 수상하고 추천작가로 위촉됨

1985년　등단 10년을 정리하여 첫 시집『雪嶽의 버들피리』(흐름사)를 펴냄

1987년　7년간의 안동생활을 정리하고 대구로 생활터전을 옮김

1989년　두 번째 시집이자 자유시집인『숨겨둔 나라』(나남출판사 기획, 한국문예진흥원 지원)를 펴냄. 대구광역시 미술대전의 초대작가로 위촉됨

1991년　세 번째 시집『갈 수 없는 고독』(동학사)를 펴냄. 제4회 개인전을 대구 송아당화랑에서 가짐. 약 한 달가량의 중국 문화기행(북경, 상해, 연길, 심천, 장춘, 백두산, 계림, 이강, 광주, 홍콩)에서 전통문화와 대륙문화에 대한 새로운 이해를 갖게 됨

연보

⟨이호우문학기념회(회장 심재완 박사)⟩의 발족함에 따라 사무국장으로 업무를 총괄하고 시조전문지 《開花》의 편집주간을 겸임함. 제1회 한국시조작품상을 수상함

1993년   한국미술협회 대구지회 부지회장에 피선됨. 제5회, 제6회 개인전을 가지고 ⟨대구현대한국화회⟩를 창립, 1~3대 회장을 역임함.

1994년   네 번째 시집 『無常의 집』(그루출판사)를 펴냄

1995년   다섯 번째이자 자유시집인 『만신창이의 노래』(박우사 기획)를 펴냄

1996년   제8회 개인전을 갖고 '문학의 해'와 등단 20년을 정리하기 위하여 시조선집 『地上의 하루』(송정출판사)를 펴냄

1997년   장편시조집 『不二의 노래』(송정출판사)를 펴냄. 《시문학》 등에서 月評을 쓰고 시조동인 ⟨한결⟩을 지도함. 제15회 丁芸(정운 이영도)시조문학상을 수상함

1998년   열 번째 한국화 개인전을 서울과 대구에서 가지고 시화집 『梅花 홀로 지다』(송정출판사)를 펴냄. 제1회 대구시조문학상을 수상함

1999년   한국미술협회 대구광역시지회장에 피선됨. 여덟 번째 시집 『섬』(송정출판사)을 펴냄. 창작의 산실인 ⟨木言藝苑⟩을 개원함.

2000년   중국 서안, 돈황을 기행하고 미술사적 안목을 넓힘. 대한민국 미술대전 심사위원을 역임함. 제11회 한국화 개인전을 동아미술관 초대로 가짐

2001년   우리시대 현대시조 100인선으로 『청동의 배를 타고』(태학사)를 펴내고 시조 「가을 삽화」로 제20회 중앙시조대상을 수상함. 대구 동원화랑에서 제12회 개인전을 가짐. 새로운 시조문학의 토양을 확보하기 위하여 시조전문지 《시조21》을 창간하고 주간 겸 발행인을 맡음

2002년   문예진흥원 지원으로 아홉 번째 시집 『슬픔의 상류』(동학사)을 내고 시조평론집 『형식의 해방공간, 그 실험의지』(북언예원)을 함께 발간

함. 민병도 시조낭송CD를 제작하고 서울 예술의 전당에서 13회 개인전을 가짐

2003년   제1회 월간문학〈동리상〉을 수상하고 대구시조시인협회 회장에 피선. 대구 대백프라자 갤러리에서 열네 번째 개인전을 갖고 화집 『흐르는 강물처럼』을 펴냄

2004년   열 다섯 번째 개인전을 중국 남경 강소성국화원 초대로 개최하고 양주 등지를 여행함. 한국미술협회 부이사장에 피선됨. 청도시조공원조성추진위원장에 위촉됨

2005년   문예진흥원의 지원으로 열 번째 시집 『마음 저울』(목언예원)과 수필집 『고독에의 초대』를 간행함. 제16회 개인전을 대백프라자 갤러리에서 가짐. 청도시조공원을기획함

2006년   시조 「보리밟기」로 제26회 가람시조문학상을 수상함

2007년   제17회 개인전을 대백프라자갤러리에서 가졌으며 대한민국미술대전에 운영위원으로 참여함. 가람시조문학상 심사위원으로 참여

2008년   가람시조문학상 운영위원, 심사위원으로 참여하고 제11시집 『내 안의 빈집』(목언예원)을 간행하고 제18회 개인전을 가짐. 한국문인협회 최고 권위의 제45회 한국문학상을 수상함. BTN 문학관(70회)에〈내 안의 빈 집-민병도〉로 출연하다

2009년   제23회 금복문화상(문학부분) 수상. 김천에서 제1회 백수문학제를, 청도에서 제1회 이호우·이영도 오누이시조문학제를 기획하고 행사를 주관함. 농민신문 신춘문예 심사위원 위촉. 매일신문 신춘문예 심사위원 위촉

2010년   제12시집 『원효』(목언예원), 제2평론집 『닦을수록 눈부신 3장의 미학』(목언예원) 발간함. 제19회 개인전을 서울과 대구에서 가짐. 청도문인협회를 창립하고 회장에 추대됨. 농민신문 신춘문예 심사위

연보

　　　　　원 위촉

2011년　　한국문인협회 시조분과회장에 피선됨. 소사랑미술대전, 대구시미술대전 심사위원장에 위촉됨.《시조21》창간 10주년 기념시화전과 민병도갤러리 개관기념전을 가짐.
　　　　　동아일보, 농민신문 신춘문예 심사위원 위촉

2012년　　시집『들풀』로 제2회 김상옥시조문학상(통영문학상) 수상. 대구미술대전 초대작가상 수상. 모산학술재단 이사에 위촉.〈동아일보〉신춘문예 심사위원 위촉
　　　　　《미술세계》특별기획초대전 출품. 제21회 개인전을 대구(대백프라자갤러리)와 부산(몽마르뜨르갤러리)에서 가짐.〈이호우·이영도문학기념회〉회장,〈이호우·이영도시조문학상 운영위원장〉에 추대됨

2013년　　〈대한민국미술대전 초대작가〉추대.〈한국대표명시선100〉에『장국밥』(시인생각 刊)이 선정되어 출간. 한국예총 청도지회장과 한국문인협회 경상북도지회 부지회장에 피선. 청도우리정신재단 이사에 위촉. 일본 교토, 나라, 오사카 여행. 공무원문예대전, 신라문학대상 등 심사. 연 2회 발간하던《시조21》을 계간으로 변경함

2014년　　한국화 화력 45년을 기념하여『민병도 화집』을 미술세계에서 발간하고 제22회 개인전을 대백프라자갤러리(7월)에서 가짐. 월간〈미술세계〉작가상 수상기념전을 11월〈미술세계갤러리〉에서 가짐. 제16시집『칼의 노래』를〈목언예원〉에서 발간함.

2015년　　(사)한국시조시인협회 이사장에 추대되다. 일본 하이쿠의 현대적 활용상황을 견학하기 위하여〈일본 하이쿠 문학기행〉을 가지다. 이때 도쿄 (사)국제하이쿠교류협회를 방문, 아키토 아리마 회장을 접견함으로써 향후 교류 협력 사업을 진행할 수 있게 되다. 민병도 일

역 시조집 『청동 물고기』를 발간하다.

가람시조문학상, 김상옥시조문학상을 심사하고 농민신문, 경상일보, 매일신문 신춘문예와 서울문화재단 문예 창작집 지원 사업 심사를 맡다.

2016년　(사)국제시조협회를 창설하고 이사장에 추대되다. 경상북도와 청도군의 지원으로 〈제1회 청도국제시조대회〉를 개최, 시조의 국제화의 길을 모색하다.

일본의 하이쿠 대표와 중국의 고시 대표가 함께 참가하여 시조의 새로운 방향성을 타진하였다. 특히 이영도 선생 탄생 100주년 기념 행사를 겸하여 『고시조 중·일 번역집』, 『이영도 육필시조집』, 『이영도 일역 시조집』, 『현대 시조 300인 선집』 등을 간행하다. 청도군의 지원으로 〈청도 시조 공원〉에 현대 시조시인 26명의 시비를 건립하고 제막하다. 민병도 제3시조평론집 『비정형의 정형화』(목언예원 刊) 발간하다. 가람시조문학상 운영위원, 경상북도 문화상 심사위원, 공무원 문예대전 심사위원, 농민신문 신춘문예 심사위원, 서울문화재단 문예 창작집 지원 사업 등 심사를 맡다.

2017년　『중역 민병도 시조선집』(목언예원), 민병도 동시조집 『노을이 긴 팔을 뻗어』(목언예원) 발간하다. 울산시조문학상, 대구문학상 심사위원으로 참여하다. 백수 정완영 선생 영면에 따른 〈백수 정완영 선생 문인장〉을 한국시조시인협회장 주관으로 모시다. (사)국제시조협회에서 《국제시조》 창간호를 발간하다. 일본 정형시 기행을 위해 도쿄와 교토를 방문하여 하이쿠(俳句)와 와카(和歌) 지도자들과의 교류 행사를 가지다. 중역시조집으로 민병도의 『한때 꽃』과 합동 시조 선집 『경북의 마음』을 발간하다. 대구 TBC 문화기획 〈문화로 채움〉에 '민병도—시인, 화가로서의 삶' 집중 소개되다

연보

2018년　격년제로 펼치는 국제시조대회와 국제시조문학제 개최하다. 미국에서 시조운동을 펼치는 마크 피터슨 교수와 타이페이의 저명한 한시 교수가 함께 참서하였고 신재완 시조 하자이 탄생 100주년 기념행사를 겸하였다. 일본어와 중국어로 동시 번역한 『경북의 시조』를 발간하다.
매일신문 신춘문예와 경상북도 문화상 심사에 참여하다. 제2회 외솔시조문학상을 수상하고 기념 시조 선집 『만파식적』을 발간하다. 평생의 화업을 이끌어 주시던 민경갑 선생의 별세로 또 한 번의 아픈 좌절과 죽음에 대한 준비를 생각하다. 제25회 개인전을 월간 《미술세계》 초대전으로 개최하고 26회 개인전(주제-상선약수)을 대구 수성아트피아 기획초대전으로 가지다.

2019년　시조집 『부록의 시간』 발간하고 자랑스러운 경상북도민상을 수상하다. 경남시조문학상 심사와 문학특강에 참여하다. 한·일 시문학 교류 활동의 일환으로 (사)국제하이쿠교류협회가 주관하는 도쿄의 "동아시아 정형시 비교연구" 심포지움에 참가하여 시조의 독자성에 대한 발제를 하다. 시조와 하이쿠 합동시집 『들풀의 아침』을 발간하다.

2020년　'코로나 19'의 영향으로 번역집 발간이 중심이 된 제3회 청도국제시조대회를 개최하다. 『현대시조 100인선』(일어판), 『현대시조 100인선』(중국어판), 영어번역판 『시조가 만난 청도』 등 세 권과 시조와 하이쿠 합동시집 『시조에서 하이쿠까지』 등 4권의 번역시집을 발간하였다. 동시조집 『은행나무 숟가락』 발간하고 (사)국제시조협회 제2대 이사장에 재추대되다.

2021년　계간 《시조21》 창간 20주년을 맞아 새로운 체제를 개편하고 30년 이끌어온 이호우·이영도시조문학상의 위상 재평가 방안을 확립.

상금을 3,000만원으로 인상하다. 매일신문 신춘문예 심사에 참여하고 제18 창작 시조집 『일어서는 풀』과 육필단시조집 『삶이란』, 제3 수필집 『강물은 자신을 밟고 길을 낸다』를 발간하다. 스물일곱 번째 개인전을 구미 예총 초대전으로 가지다. 대구 MBC 문화다큐멘터리 〈문화요〉에 '시조시인 민병도'로 집중 소개되다

민족의 숙원인 〈시조문학관〉 건립을 위하여 그간 모아왔던 자료 일체와 문학관 건립 토지를 청도군에 기증하고 공립문학관 건립에 합의하고 준비에 들어가다.

2022년　한국화 작업 50년을 중간 점검하기 위하여 〈민병도한국화 50년전〉을 기획, 대작 위주의 전시회를 가지고 화집을 발간하다. 경상일보 신춘문예 심사와 매일신문 〈시니어문학공모전〉 심사에 참여하고 이영도 선생을 사사하여 시조 창작을 시작한 지난 50년과 칠순을 기념하여 『민병도 문학앨범』을 발간하다. 네 번째 〈청도국제시조대회〉를 주관하고 일본의 정형시 하이쿠俳句와 와카和歌와의 교류 사업을 본격화하다.

Email_ mbdo@daum.net, mbdo@korea.com
홈페이지_ sijo21.com, minbyeongdo.co.kr